일본의 내일

일본의 내일

나카지마 다케시
박제이 옮김 — 길윤형 해제

생각의힘

일러두기

1. 단행본, 잡지의 제목은 겹꺾쇠표(《》)로 표기하였고, 단편, 신문을 비롯해 영화, 텔레비전 프로그램 등 예술 작품의 제목은 홑꺾쇠표(〈〉)로 표기하였다.
2. 외국 인명, 지명, 단체명 등은 외래어표기법을 따랐으나 일부는 관례와 원어 발음을 존중해 실용적 표기를 따랐다.
3. 본문 하단에 나오는 각주는 모두 옮긴이 주다.
4. 본문에 실린 모든 도판은 원서에 실린 도판으로서, 아사히朝日신문사로부터 별도의 허가를 받았다.

이 책은 공백을 메우려는 시도다

길윤형

前 〈한겨레〉 도쿄 특파원
《아베는 누구인가》의 저자

역사 갈등이라는 만만치 않은 한 겹 꺼풀을 벗겨놓고 생각하면, 한국과 일본은 좋은 의미든 나쁜 의미든 서로에게 배울 게 많은 나라다. 두 나라는 오랫동안 같은 한자 문화권에 속해 있었고, 35년에 걸친 일본의 식민지배 탓에 사회구조와 산업구조 역시 비슷하며, 정치인들의 자질 또한 '오십보백보'다. 특히 한일 간 역사 갈등이 첨예해지고, 인터넷 등 통신수단의 발달로 상대 국가에서 벌어지는 소식이 실시간 속보로 전해지다 보니 일본 정치인들에 대한 한국 사회의 관심이 날이 갈수록 높아지고 있다.

　나카지마 다케시 도쿄공업東京工業대학 교수의 《일본의 내일》은 일본 정치에 관심을 갖기 시작한 한국 독자들에게 적합한 입문서가 될 듯하다. 현대 일본 정치를 이해하기 위해선, 어쩔 수 없이 전후 일본을 만들고 이끌어온 자민당을 이해해야 하고, 자민당을 이해하려면 이 당을 구성하는 대표적인 정치인들의 사고방식을 알아야 한다. 나카지마 교수는 이를 위해 매우 효과적인 전략을 제시한다. 현재 자민당을 이끄는 주요 정치인 아홉 명의 저서·대담집·각종 인터뷰 등을 자세히 분석해 이들이 어떤 정치인이고, 그래서 앞으로 일본을 어떻게 이끌어가게 될지 규명을 시도하기 때문이다. 각 정치인의 사상을 알기 쉽게 분류하기 위해 세로축에는 '위기의 사회화(큰 정부)'를 중시하는지 혹은 '위기의 개인화(작은 정부)'를 중시하는지, 가로축에는 정치사상이 '자유주의'인지 혹은 '권위주의'[1]인지 가치 기준을 설정한다. 이후 이 위기와 가치의 좌표축 위에 일본 주요 정치인들을 한 명씩 자리매김한다.

　책이 분석 대상으로 삼는 이들은 아홉 명이다. 분석의 제일 첫머리에 오른 이는 2012년 12월 민주당의 허무한 몰락 이후

1　이 책에서 저자는 자유주의liberal의 대척점에 존재하는 개념으로 권위주의paternalism를 제시했다. '가치'를 기준으로 생각할 때, 봉건적 가부장제 사회의 아버지가 가족의 행위에 간섭하는 것처럼 권력을 가진 자가 다른 이의 자유로운 선택에 개입하는 것을 가리킨다. 이는 위계질서에 따른 지배와 복종을 강요하는 개념의 권위주의authoritarianism와는 구분되는 지점이 있다.

'아베 1강'을 구축해 역대 일본 최장수 총리의 위업을 달성한 아베 신조安倍晋三다. 이어서 아베의 '영원한 라이벌'인 이시바 시게루石場茂, 아베 정권의 이인자인 스가 요시히데菅義偉, 아베에 대항해 총재 선거에 꾸준히 도전 의사를 밝혀온 노다 세이코野田聖子, '고노 담화'의 주인공인 고노 요헤이河野洋平 전 관방장관의 아들인 고노 다로河野太郎, 일본 '보수 본류'의 적장자라 할 수 있는 기시다 후미오岸田文雄, 아베의 핵심 참모그룹을 대표하는 가토 가쓰노부加藤勝信, 1998년 김대중-오부치 한일 파트너십 선언의 주인공인 오부치 게이조小渕恵三 전 총리의 막내딸인 오부치 유코小渕優子, 고이즈미 준이치로小泉純一郎 전 총리의 둘째 아들이며 차기 총리에 적합한 인사를 꼽을 때마다 늘 상위권에 이름이 거론되는 고이즈미 신지로小泉進次郎 등에 대한 소개와 분석이 이어진다. 실제로 〈아사히신문〉에서 2020년 2월에 실시한 여론조사 결과를 보면, 2021년 9월 임기가 끝나는 아베 총리 다음으로 누가 일본의 차기 총리에 적합하냐는 질문에서 이시바(25퍼센트)가 1위를 차지했고, 고이즈미(14퍼센트), 고노(8퍼센트), 기시다(6퍼센트), 스가(5퍼센트) 등이 이름을 올렸다(일본 기자나 외교관들과 이야기를 나누어보면, 아베가 정권을 순순히 물려주었을 때의 차기는 기시다가 될 가능성이 크다. 그러나 일본 정계가 크게 요동쳐 아베가 정권을 빼앗긴다면 탈취할 가능성이 높은 이는 이시바라 한다. 이와 별도로 차차기 총리로 유력한 인물은 고이즈미다). 이 아홉 명의 정치 역정은 말 그대로 1990년대 이후 일본 정치가 걸어온 행보의 축소판이라 표현해도 과언이 아니다.

책의 가장 큰 미덕은 자민당의 주요 정치인들이 과연 어떤 인물이고, 어떤 정치 철학과 비전을 가졌는지를 각 개인의 삶의 역정과 그들이 남긴 저서와 인터뷰 등을 통해 알기 쉽게 재구성한 데 있다. 국내에도 많이 알려져 있듯 아베의 사상 형성에 가장 큰 영향을 끼친 것은 그의 외조부인 기시 노부스케岸信介였다. 그와 더불어 '정치인 아베'의 색깔을 결정지은 것은 1955년 이후 38년 동안 이어진 자민당의 '55년 체제'가 무너져버린 1993년, 그가 여당이 아닌 '야당' 정치인으로 정치 생활을 시작했다는 점이다.

아베가 본격적으로 정치인의 길을 걷기 시작한 1993년은 일본 정치사에서 매우 중요한 해로 기록되어 있다. 1980년 말 '냉전 해체'와 '거품 붕괴'라는 두 개의 커다란 충격이 일본 사회에 동시에 덮쳐왔기 때문이다. 옛 자민당은 이에 제대로 적응하지 못해 결국 여덟 개 정당·정파로 구성된 호소카와 모리히로細川護熙 내각에 정권을 내주고 만다. 본문에도 나오지만, 호소카와는 취임 직후인 8월 10일 가진 기자회견에서 지난 전쟁을 두고 "침략 전쟁이자 잘못된 전쟁이었다고 인식하고 있다"고 밝혔다. 일본 총리가 지난 전쟁을 '침략 전쟁'으로 규정했다는 사실에 자민당 내 극우 의원들은 격렬하게 반응할 수밖에 없었다. 이들은 8월 23일 자민당 내에 '역사·검토 위원회'를 설치해 "우리는 공정한 사실史實에 기초한 일본인 자신의 역사관 확립이 시급한 과제라고 확신한다"고 선언했다. 아베는 이 위원회에 적극 참여하며 극우 정치인의 삶을 시작한다. '극우 아베'가 탄생하게 된 배경에는 자민당과 보수의 몰락에 대한 우익들의 깊은 경계감이 자리하고 있었던 것이다.

저자는 이 같은 사실을 모아 아베 사상의 핵심은 그 자체의 가치를 전면에 내세우는 진정한 보수가 아닌 좌파에 대항하기 위한 '반자유주의'일 뿐이라고 결론 내리고 있다. 좌표축의 기준으로 볼 때 아베는 위기를 개인화하고, 권위주의적인 정치사상을 갖는 극우 정치인으로 분류된다.

한국 독자가 이 책을 즐기는 방법은 크게 두 가지다. 첫째는 책에 등장하는 주인공들이 한국과 맺은 여러 인연에 주목하는 방식이다. 본문에서는 명시적으로 밝히지 않지만, 책을 읽다 보면 1990년대 이후 일본 정치에 큰 영향을 끼친 여러 변수가 한반도와의 상호관계 속에서 발생했다는 점을 알 수 있다.

가장 대표적인 예가 일본군 '위안부' 문제로 대표되는 한국과의 '역사 갈등'과 2002년 9월 김정일 국방위원장의 사실 인정으로 확인된 북한의 '일본인 납치 문제'다. 극우 정치인 아베가 등장하고 성장해 마침내 일본의 총리에 오르는 극적인 정치 현상은 이 두 사건에 따른 결과라 말할 수밖에 없다. 아베는 위안부 동원 과정의 강제성과 군의 개입을 인정한 고노 담화를 공격하고 납치 문제에 강경한 대응을 주장하며 일본 정계에서 주목을 끌었고, 이를 통해 일본 우익들의 감정을 대변할 주역으로 낙점받아 2006년 9월 총리 자리를 꿰차는 데 성공한다.

한반도와의 관련성을 통해 주목을 받기는 다른 정치인들도 마찬가지다. 스가는 2014년 4월 관방장관의 정례 기자회견에서 안중근에 대해 "일본 입장에서 이야기하자면 범죄자, 테러리스트"라고 말했고, 기시다는 외무대신[2] 시절 악명 높은 위안부 문제에 대한 12·28 합의를 체결한 일본 쪽 주인공이었다. 고노는 2019년 7월 남관표 주일 한국대사를 초치해 "한국의 제안은 받아들일 수 없다"고 강한 불만을 터뜨리며 지난해 이어

---

2   대신大臣은 일본의 중앙행정기관인 성省의 최고직을 말하며(상相으로도 표기), 한국의 '장관'에 해당한다. 한편 일본에서의 장관은 성의 하위 기관인 청庁의 최고직을 말하며, 한국의 '청장'에 해당한다. 이 책에서는 '장관'의 쓰임에 따른 혼란을 막고자 원서의 호칭을 따른다. 단, 관방장관은 성이 아닌 내각관방의 장으로서 총리를 보좌한다.

진 한일 갈등의 핵심에 자리했다(2019년 한일 갈등이 고조됐을 때 외무대신으로 보인 무례한 태도와 달리, 고노는 한국에 대해 호의적인 일본 정계 내 대표적 지한파 가운데 하나다).

이 기준에 따를 때 유력한 차기 후보 중 하나로 꼽히는 이시바는 총리의 자리에 오르게 된다면, 한국과 동아시아 전체에 상당한 부담을 안겨줄 가능성이 크다. 일본 내에서 '군사 오타쿠', 즉 외교·안보 전문가로 알려진 이시바는 미국에 대한 일본의 자주성을 강조하고 헌법 9조 개헌이 꼭 필요하다는 입장을 유지하고 있다. 그에 따른 논리적 연장선에서 오키나와에 주둔해 있는 미국 해병대에 대해 "일본 영토에 미군기지를 무비판적으로 제공하고 있는 것은 자립한 독립국이라 말할 수 없다"고 말하며 비판적인 태도를 유지하고 있다. 동아시아에 주둔 중인 미군은 한일 양국의 주권을 제약하는 부정적 유산임에는 틀림없으나, 동시에 중국의 도발을 억제하고 일본의 군사적 폭주를 제어하는 균형자적 역할을 담당했음을 부정할 수 없다. 이런 측면에서 이시바의 등장은 독특한 역사 수정주의를 전면에 내세우며 한국과 격렬히 대립하면서도 '미일동맹과 한미일 3각 동맹을 중시한다'는 미국의 동아시아 정책의 틀을 벗어나지 않았던 아베와는 또 다른 불확실성을 동아시아 전체에 안겨줄 수 있다.

두 번째는 현대 일본이 마주한 여러 고민을 해결하기 위해 일본 정치인들이 어떤 여정을 거쳐야 했고 그에 따라 어떤 결론과 해법에 도달하게 되었는지, 그 내용 자체에 집중하는 방식이다.

　책에 등장하는 여성 정치인인 노다 세이코의 사연에 밑줄을 그으며 읽게 된다. 2013년 9월부터 2017년 4월까지 3년 반 동안 〈한겨레〉 도쿄 특파원으로 근무하며 그에 대해 기사를 쓴 것은 두어 번에 불과했다. 모두 그가 아베 총리에 맞서 자민당 총재 선거에 출마하려다, 추천 의원 스무 명을 모으지 못해 좌절한 2015년 9월 무렵이었다. 책에는 그동안 알지 못했던 노다의 과거사가 간략하게 소개되어 있다. 아베와 같은 1993년에 처음으로 중의원 의원에 당선된 노다는 어린 나이에 각료로 기용되는 등 이른 출세를 경험한 끝에 30대 후반의 나이에 늦은 결혼을 했다. 그는 마흔 살 이후 임신에 도전했지만, 꿈은 쉽게 이루어지지 않았다. 어쩔 수 없이 불임 치료를 받을 수밖에 없었다. 노다는 그 과정에서 여성으로서 수많은 고뇌와 갈등과 고통을 겪었고, 마지막에는 유산이란 슬픔까지 감당하게 된다. 결국, 난자를 제공받아 2011년 체외수정으로 출산한 아이는 심각한 병을 안은 채 태어났다. 태어난 지 1년 만에 아홉 번이나 수술을 받아야 했다. 그는 이 경험을 《나는, 낳고 싶다》 등 여러 저서와 대담에 자세히 적었다.

이런 경험을 바탕으로 노다는 일본 사회가 마주한 가장 큰 사회 문제인 저출산·고령화 문제를 해결하기 위해 여러 방면으로 분투한다. 그의 일관된 주장은 "여성이 아이를 낳기 쉬운 사회적 환경을 만들어야 한다"는 것이다. 또래 자민당 남성 의원들이 출산율을 높이려면 "여성은 집에서 가사와 육아에 전념해야 한다"고 말할 때, 그는 "여성이 취업하기 쉬운 국가에서 아이를 낳기도 쉽다", "출산·육아기인 25~34살의 여성 노동률이 높은 국가에서 출산율도 높다"는 자료를 내세우며 처절한 투쟁을 벌인다.

또 다른 여성 의원인 오부치 유코의 사연도 흥미롭다. 그는 아버지인 오부치 게이조의 군마현 제5구를 물려받은 세습 의원이다. 그가 정치인으로 크게 성장하게 된 계기 역시 출산과 육아를 통해서였다. 한국이나 일본이나 대부분의 워킹맘들은 아침 일찍 일어나 가사일을 한 뒤 아이들을 유치원에 맡겨 놓고 출근한다. 회사에서 진이 빠지게 일한 뒤 다시 아이를 찾아와 저녁 준비를 해야 한다. 자신도 워킹맘이 되어 갖은 고생을 해 보자, 그동안 '오부치家의 아가씨'로 살았던 오부치와 동세대 여성들의 거리가 급속히 줄어들었다. 한 사람의 정치가가 자신이 해결해야 할 '필생의 과업'을 찾아낸 순간이었다. 오부치는 이미 결혼해 아이를 낳은 사람들을 위한 대책뿐 아니라 결혼하고 싶어도 하지 못하는 저소득층 청장년에게도 관심의 눈을 돌려야 한다고 주장한다. 여성과 고령자들이 겪어야 하는 어려움에 대한 따뜻한 배려 없이 아베 정권이 내던지는 '여성이 빛나는 사회'와 '1억 총활약 사회'란 구호는 결국 인구 감소로 일할 사람이 없으니 "스스로 빛나기 위해" 여자들도 일하라, "1억 명 모두의 활약"을 위해 노인들도 일하라는 폭력의 논리일 뿐이다.

언젠간 일본의 총리가 될 것이 확실한 고이즈미 신지로 역시 일본이 맞닥뜨린 가장 심각한 문제는 인구 감소와 사회보장제도라고 인식한다. 일본 총무성 통계국의 자료를 보면 일본의 인구는 2008년 1억 2,808만 명으로 정점을 찍은 뒤 12년 연속 감소해 2020년 3월 기준으로 1억 2,595만 명(65살 인구 비율은 28.5퍼센트)으로 줄어들고 말았다. 고이즈미는 지금 같은 사회보장제도를 운영하면 안 그래도 세계 최고 수준의 국가부채를 떠안고 있는 일본의 재정이 파탄에 이를 것이라 우려한다. 그가 주장하는 것은 "너무 고령자를 우대하는" 현행 사회복지제도를 줄여, 젊은 사람들을 위한 "육아 지원 등에 돈을 돌려야 한다"는 것이다. 또 15살부터 64살까지인 현재 경제활동인구(현역 세대)의 개념을 바꿔 65살 이상의 사람도 일을 하게 만들어야 한다고 주장하고 있다. 하지만 세대 간 대립을 불러올 이런 어려운 사회 개혁에 성공할 수 있을까. 그보다 먼저, 고이즈미가 내세운 해법은 과연 해법이 될 수 있는 것일까.

급속히 진행된 저출산·고령화를 둘러싼 일본 정치인들의 이 같은 고민은 한국에도 적지 않은 시사점을 제공한다. 한국 통계청 자료를 보면, 한국의 인구는 일본보다 21년 늦은 2029년부터 감소 추세로 돌아설 것으로 전망된다. 하지만 2018년 합계출산율이 1명에도 미치지 못하는 현실(정확히는 0.98명, 일본은 1.42명)을 통해 알 수 있듯, 이 속도는 더 가팔라질지도 모른다. 일본이 먼저 경험한 온갖 사회 문제가 결국 한국 사회에도 모습을 드러낼 것이다. 아니, '헬조선', '흙수저' 등의 언어가 유행한다는 점을 생각해볼 때 한국 역시 이미 지옥의 문턱에 도달한 것인지 모른다. 결혼하고 싶어도 할 수 없고, 아이를 낳고 싶어도 낳을 수 없는 젊은이들을 위해 한국의 정치인들은 무엇을 어떻게 할 것인가.

저자는 일본의 정치 뉴스를 보면, 누가 이길 것이고 앞으로 어떤 인사가 꾸려질 것이라는 등 선거 공학에 관한 얘기들만 가득할 뿐 정치인의 정책과 비전의 차이를 제시하는 보도는 드물다고 지적한다.《일본의 내일》은 이러한 공백을 메우려는 시도다. 한국의 사정도 다르지 않다. 다음 대통령 선거에 나설 주요 정치인들이 어떤 정치 역정을 걸어왔으며, 우리 사회 앞에 놓인 저출산·고령화, 지역균형발전, 소득 격차 등의 문제에 어떤 비전과 해법을 제시하고 있는지 우리는 잘 알지 못한다. 관련 보도와 서적이 부족하기 때문이다. 이웃 나라 정치인들의 생생한 고민의 흔적을 들여다보는 것은 결국 한국 정치에 대한 우리의 이해를 돕고, 더 나은 사회로 만들어가는 데 도움을 얻기 위해서다. 이 책이 한국 사회에 무엇인가 하나 기여하는 것이 있다면, "역시 아베는 또라이군!"이란 감정의 배설을 유도하기보다, 상대를 통해 우리를 돌아볼 기회를 제공하기 때문이 아닐까 생각해본다.

정치인의 언어를 읽는다는 것

2018년 9월, 자민당 총재 선거가 열렸다. 이때 대결한 후보는 아베 신조와 이시바 시게루다. 두 사람 모두 일본 국민에게는 익숙한 정치인이다.

이 선거는 아베와 이시바라는 리더가 앞으로 일본을 어떻게 만들어나갈지를 파악하기에 절호의 기회였으리라. 당시 관련 뉴스를 보면 "○○표차로 아베 총리가 압승할 것"이라든가, "총재 선거 후 인사는 어떻게 될까?"라든가, "이시바 시게루는 아베 총리의 뒤통수를 치는 비겁한 인물"이라는 등 정국에 관한 내용으로 도배되어 있다. 반면 두 정치인의 정책과 비전이 어떻게 다른지를 다루는 보도는 찾아보기 힘들었다.

이런 경향이 이 둘에게만 한정된 이야기는 아니다. 자민당에는 일본의 향방에 직접적인 영향을 줄 만한 의원이 많다. 그러나 그런 그들이 어떤 생각을 하는지, 뉴스만 봐서는 정확히 판단하기 어렵다.

이럴 때 그들이 출간한 저서나 대담집, 혹은 잡지에 발표한 글이나 인터뷰 등이 중요한 역할을 한다. 이 자료들을 찬찬히 살펴보면 그들의 의견, 비전, 정책 등을 파악할 수 있다. 왜 정치의 길로 들어섰는지부터, 특정한 정책을 강력히 밀어붙이는 이유 등 개인적인 경험이 반영된 생각도 엿볼 수 있다.

그러나 정치인이 쓴 책은 잘 팔리지 않는다. 대부분 주목받지도 못한 채 금세 서점에서 자취를 감춘다. 그리고 차차 잊힌다. 아쉬운 일이 아닐 수 없다.

출간된 저서를 제대로 읽고 분석하여 해당 정치인의 사상적 특징을 파악해둔다면, 향후 일본의 앞날을 고려하여 투표권을 행사할 때 중요한 지표가 될 터다.

우리는 정치인을 대할 때 캐릭터나 이미지로만 판단하지는 않는가?

이 책에서는 자민당 소속 정치인들의 다양한 말과 글을 꼼꼼히 읽음으로써, 이들의 이념과 구상을 파악하고자 한다. 특히 총리 후보로 거론되는 유력 의원을 신중하게 분석하여 현재 자민당의 특질을 철저히 파헤치려 한다.

정치의 좌표축

각 정치인의 특징을 더욱 쉽게 파악하기 위해 아래와 같은 좌표축을 제시하려 한다. 간단히 설명하자면 정치인은 국내 정치 면에서 '위기(돈)'와 '가치'와 관련된 일을 한다. 따라서 세로축(y축)을 '위기 문제', 가로축(x축)을 '가치 문제'로 상정했다.

우리는 살아가면서 다양한 위기 상황에 직면한다. 그다지 생각하고 싶지 않은 일이지만 당장 내일 갑작스레 난치병에 걸려서 지금껏 해오던 일을 할 수 없게 될지도 모르고, 출퇴근길에 차에 치이는 바람에 당연히 누리던 일상이 하루아침에 뒤바뀔 수도 있다.

'위기의 사회화'란, 이렇듯 우리가 직면할 수 있는 다양한

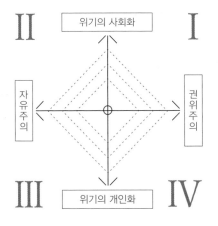

위기를 사회 전체가 책임져야 한다는 사고방식이다. 정부는 국민이 처한 다양한 위기에 대응하기 위해 사회안전망을 강화한다. 금전적 여유가 있는 이들에게 세금을 많이 걷어서 저소득층이나 사회적 약자에게 재분배한다. 세로축에서 위로 가면 갈수록 '큰 정부'가 된다. 세금이 많은 대신 행정 서비스가 충실한 정부다. 나아가 시민사회에 대한 지원 체제도 강력하다. 지진 등 대형 재해가 일어났을 때는 행정 서비스뿐 아니라 시민 자원봉사자의 활동이 큰 의미를 지닌다. 외국 여러 나라에서는 기부금이 사회적 약자 지원 면에서 큰 역할을 담당한다. '위기의 사회화'란 행정과 시민사회가 서로 협조하여 사회안전망과 재분배 체제를 강화하는 형태다.

한편, '위기의 개인화'란 앞서 언급한 다양한 위기를 개인이 책임져야 한다는 사고방식이다. 이른바 '자기 책임형' 사회에서는 정부가 세금을 적게 걷는 대신 행정 서비스를 많이 제공하지 않는다. 세로축에서 아래로 갈수록 '작은 정부'다.

또한 정치는 돈으로 환원할 수 없는 '가치' 문제에 관해서도 다양한 결정을 한다. 가령 '선택적 부부 별성을 인정할 것인가'[1], '성 소수자LGBT의 결혼에 관한 권리를 보장해야 하는가' 등이

---

1   일본에서는 결혼하면 대체로 여성이 남성의 성을 따른다.

이에 해당한다. 가로축에서 오른쪽으로 갈수록 가치 문제에 권력이 강하게 개입하게 된다. 반면, 왼쪽으로 갈수록 다양성에 대한 관용이 커져서 개인의 가치관에 대한 권력의 개입이 줄어든다.

이처럼 '가치'와 '위기'를 축으로 분류하면, 네 가지 유형의 정치로 나뉜다. 나는 정치인을 파악할 때 '좌' 혹은 '우'라는 이데올로기보다 Ⅰ, Ⅱ, Ⅲ, Ⅳ라는 사분면으로 분류하고자 한다. 그렇게 하는 편이 각 정치인의 비전을 파악하는 데 훨씬 효과적이기 때문이다.

책에서는 현 총리 및 총리 후보자로 지목되는 자민당 정치인을 분석하고, 그들이 좌표축에서 어느 사분면에 위치하는지 살펴보려 한다. 구체적으로 아베 신조, 이시바 시게루, 스가 요시히데, 노다 세이코, 고노 다로, 기시다 후미오, 가토 가쓰노부, 오부치 유코, 고이즈미 신지로 등 아홉 명이다. 이 유력 정치인들을 철저히 분석함으로써 향후 '자공연립정권自公連立政権'[2]이 어떤 방향으로 전개될지를 알아보고자 한다. 더불어 여기에 대항할 야당은 어떤 비전을 내세워야 하는지도 함께 생각할 기회가 되었으면 한다.

---

2   자민당과 공명당이 연립정부를 수립하는 경우를 말한다. 1999년 제2차 오부치 내각 당시 공명당이 연정에 합류하며 최초로 성립되었다.

차례

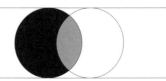

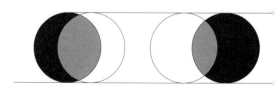

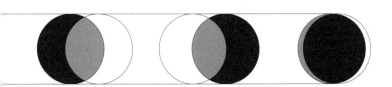

1장

아베 신조: 반자유주의와 친미

아베 신조

중의원 의원. 자민당. 야마구치현山口県
제4구. 9선. 1954년 9월 21일 도쿄도東京
都 출생.

1977년 세이케이成蹊대학 법학부 정치
학과 졸업. 1979년 주식회사 고베제강
소神戸製鋼所 입사. 1982년 아베 신타
로安倍晋太郎 외무대신 비서관. 1993년
중의원 의원 첫 당선. 2000년 내각관
방 부장관. 2003년 자유민주당 간사
장. 민주당 납치문제대책 본부장. 2004
년 자유민주당 간사장 대리 겸 납치문
제대책 본부장 겸 당 개혁실행 본부장.
2005년 내각관방장관(제3차 고이즈미 준
이치로 내각). 2006년 제90대 내각총리
대신. 2012년 자민당 정권구상회의 의
장 겸 국가전략본부장 겸 동일본대지
진 부흥가속화본부장, 제96대 내각총
리대신. 2014년 제97대 내각총리대신.
2017년 제98대 내각총리대신.

2018년 10월 30일, 총리 관저에 들어가다

아베 신조라는 정치인의 '본모습'

일본 역사상 재위 기간이 가장 긴 총리가 될 것으로 점쳐지는 아베 신조. 그에 대한 평가는 긍정과 부정, 딱 둘로 나뉜다. 그러나 그가 어떤 비전이나 특징을 가진 정치인인지, 우리는 확실히 알고 있을까?

현역 총리의 저서를 찬찬히 읽어나감으로써 그에 대한 평가를 검증해보려 한다.

아베가 출간한 서적은 공저를 포함해서 다음 일곱 권이다.

① 《'보수혁명' 선언: 반자유주의에 대한 선택「保守革命」宣言─アンチ・リベラルへの選択》

구리모토 신이치로栗本慎一郎, 에토 센이치衛藤晟一와 공저, 1996
년 10월, 겐다이서림現代書林

②《이 나라를 지키는 결의この国を守る決意》

오카자키 히사히코岡崎久彦와 공저, 2004년 1월, 후쇼샤扶桑社

③《아베 신조 대담집: 일본을 말하다安倍晋三対論集 日本を語る》

2006년 4월, PHP

④《아름다운 나라로美しい国へ》

2006년 7월, 문예춘추文藝春秋

⑤《새로운 나라로: 아름다운 나라로新しい国へ—美しい国へ 완전판》

2013년 1월, 문예춘추

⑥《일본이여,세계의 한가운데에서 꽃 피워라日本よ、世界の真ん中で咲き誇れ》

햐쿠타 나오키百田尚樹와 공저, 2013년 12월, WAC

⑦《일본의 결의日本の決意》

2014년 4월, 신초샤新潮社

이 가운데 실질적인 저서는《아름다운 나라로》한 권뿐이다.
《새로운 나라로》는《아름다운 나라로》의 개정증보판이다.《'보
수혁명' 선언》은 공저,《일본의 결의》,《일본이여, 세계의 한가
운데에서 꽃 피워라》는 대담집이다.《일본의 결의》는 총리대신
연설집이므로 100퍼센트 본인이 쓴 원고라 할 수는 없으리라.

이시바 시게루(2장)나 노다 세이코(4장)에 비해 아베 신조는 저서가 적은 정치인이다. 그것도 대부분 제1차 아베 내각[1]이전에 출간되었다. 또한 주요 저서인 《아름다운 나라로》도 과거의 책 등에서 베낀 것이나 다름없는 부분이 적지 않다.

따라서 여기에서는 비교적 젊은 시기에 솔직한 의견을 피력한 《'보수혁명' 선언》, 《이 나라를 지키는 결의》를 중심으로 살펴봄으로써 아베 신조라는 정치인의 '본모습'을 파헤치고자 한다.

의원 생활은
역사 인식 문제에서 시작되었다

아베 신조가 처음으로 당선된 것은 1993년 중의원 선거였다. 이때 자민당은 대전환기를 맞이했다.

제2차 세계대전 후 최대의 금품 수수 사건인 리크루트 사건[2] 등으로 미야자와 기이치 내각은 정치 개혁의 격류에 휘말렸

---

1   2006년 9월에서 2007년 9월까지를 말한다.
2   1988년에 일어난 일본 최대의 정치 스캔들로 정·재계를 뒤흔들며 큰 파장을 일으켰다. 이 사건으로 차기 총리 후보였던 미야자와 기이치宮沢喜一 대장성 대신이 그해 12월에 사임했고, 다음 해 4월 다케시타 노보루竹下登 총리도 거센 비판을 받으며 자리에서 물러났다. 그러나 다케시타 노보루는 퇴진 후에도 영향력을 행사하며, 미야자와 기이치가 1991년 제78대 총리에 취임하는 데 힘을 보탰다.

다. 그러나 미야자와는 소선거구 도입 등에 소극적인 태도를 취했기에 내각 불신임안이 제출된다. 이에 동조한 이들이 다케시타파竹下派에서 갈라져 나온 오자와 이치로小沢一郎, 하타 쓰토무羽田孜 등으로 구성된 그룹(개혁포럼21)이다. 6월 18일에 중의원이 해산되고 총선거를 실시한 결과, 야당 세력이 집결한 호소카와 모리히로 내각이 8월 9일에 출범했다. 그 닷새 전에는 위안부 문제에 관해 사죄와 반성을 언급한 고노 담화가 발표되었다. 사실상 미야자와 내각의 마지막 업무였다.

아베는 야당 정치인으로서, 갑작스레 정치 세계에 입문한다. 이는 아베 신조라는 정치인을 생각할 때 중요한 의미를 지닌다.

아베는 당시 자민당의 역할에 의문을 품었다고 한다. 자민당은 진정한 보수정당인가? 보수로서 소임을 다하고 있는가? 애초에 보수란 무엇인가(《'보수혁명' 선언》)? 이런 생각이 야당 정치인이었던 그를 '보수정당으로서 자민당의 재생'이라는 주제로 이끌었다.

한편, 비非자민당 정권으로 출범한 호소카와 내각은 출범 직후 열린 호소카와 총리의 기자 회견에서 '대동아전쟁'에 관해 다음과 같은 발언을 남긴다. "침략 전쟁이자 잘못된 전쟁이었다고 인식하고 있다." 그러자 야당인 자민당 일부 의원이 반발한다. 8월 23일 당내에 '역사·검토 위원회'가 설치되어 다음과 같은 '취지'를 내세웠다.

> 호소카와 총리의 '침략 전쟁' 발언이나 연립정권의 '전쟁 책임의 사죄 표명' 의도 등에서 볼 수 있듯, 전쟁에 대한 반성이라는 이름 아래 벌어지는 일방적이고 자학적인 역사관의 횡행은 간과할 수 없다. 우리는 공정한 사실에 기초한 일본인 자신의 역사관 확립이 시급한 과제라고 확신한다.
>
> (역사·검토 위원회 편저,《대동아전쟁의 총괄》, 1995년, 덴덴샤展転社)

그들은 일본의 역사 인식이 '점령 정책과 좌익 편향 역사 교육'에 의해 부당하게 일그러져 있다고 주장한다. 이러면 아이들이 자국의 역사를 자랑스러워할 수 없다. 제2차 세계대전 이후의 역사 교육은 "틀렸다고 말해야만 한다." "일방적으로 일본을 단죄하고 자학적인 역사 인식을 주입하는 것은 범죄에 가까운 행위라고 해도 과언이 아니다." 이러한 생각이 활발히 논의되었다(같은 책).

정치 신인이던 아베는 이 위원회에 들어갔고, 머지않아 우파적인 역사 인식을 고무시키는 젊은 의원으로서 두각을 드러낸다.

'일본의 앞날과 역사 교육을 생각하는 젊은 의원의 모임'
사무국장이 되다

1997년에는 나카가와 쇼이치中川昭一가 대표를 역임한 '일본의 앞날과 역사 교육을 생각하는 젊은 의원의 모임日本の前途と歴史教育を考える若手議員の会'이 출범하였고, 아베는 사무국장으로 취임한다.

이 모임의 기록은 서적으로 남았는데, 역사 교과서 문제나 위안부 문제 등을 둘러싸고 관료나 자유주의파 정치인, 좌파 지식인에 대한 격렬한 비판이 되풀이되었음을 알 수 있다.

아베의 발언(등단자를 향한 질문) 가운데 대부분은 위안부 문제를 역사 교과서에 게재하는 것에 대한 비판에 할애되고 있다. 역사 교육에 대한 아베의 생각은 다음 발언에 집약되어 있다.

저는 초등·중등 과정의 역사 교육에서 바람직한 태도는 자신이 태어난 지역과 국가에, 그 문화와 역사에 공감과 건전한 자부심을 갖는 것이라고 생각합니다. 일본의 앞날을 의탁할 젊은이에 대한 역사 교육은, 만들어지거나 왜곡된 일문逸文을 가르치는 교육이 되어서는 안 된다는 신념에서 향후 활동에 힘을 다하고자 하는 결의를 다집니다.

(일본의 앞날과 역사 교육을 생각하는 젊은 의원의 모임 편저,《역사 교과

서에 대한 의문: 젊은 국회의원에 의한 역사 교과서 문제의 총괄》, 1997년, 덴덴샤)

초등학교·중학교에서는 자국에 대한 자긍심을 양성하는 교육을 해야 한다. 우선은 건전한 애국심을 키우는 교육을 해야 한다. 좌익에 의해 곡해되고, 비틀린 역사관을 가르쳐서는 안 된다고 아베는 강하게 호소한다.

아베는 어린이들이 읽는 위인전을 예로 든다. 초등학생을 대상으로 하는 위인전은 그 인물의 훌륭한 측면만을 다룬다. 그러나 실제 인물은 다양한 부정적 측면도 지닌다. 술독에 빠져 산다거나, 가정을 버리고 애인을 두기도 한다. 이런 부분을 어떻게 전해야 할까.

아베는 "나도 이렇게 멋진 사람이 되고 싶다고 생각하게 만드는 것이 중요하므로" 우선은 훌륭한 면만 가르치면 된다고 말한다. 부정적인 면을 가르치면 "매우 뒤틀린 아이로 자랄 수 있으므로" 좋지 않다는 것이다. 인간은 복잡한 측면을 지닌 존재라는 사실을 이해한 후에 부정적 면을 가르쳐도 늦지 않으므로 역사 교육에 관해서는 초등학교·중학교·고등학교와 대학교 같은 장소에서 "그때그때 가르치는 내용과 태도가 달라도 (중략) 좋지 않을까"라고 이어 말한다(같은 책).

따라서 위안부 문제를 역사 교과서에서 가르칠 필요는 없다고 말한다. 일본에 대한 자긍심을 부여해야 하는 교육 단계에서는 이런 내용을 교과서에 게재할 필요 따위 없다는 것이다.

사회 문제이기에 가르쳐야 한다면 "'원조교제'를 실을 생각"은 없는가(같은 책)? 성폭력 문제를 다루어야 한다면 성추행으로 붙잡힌 "어떤 신문사의 어떤 논설주간"의 성폭력은 어떠한가? 이쪽이 성폭력의 본질이 아닐까(같은 책)? 이것이 아베의 주장이다.

나아가 과거 위안부의 증언에는 "명백히 거짓말을 하는 사람들이 꽤 많다"고 말한다. 또한 그들이 오랫동안 침묵을 이어온 것에 대한 의문을 제기하며 다음과 같이 말한다.

만약 그것이 유교적인 분위기라서 오십 년 동안 침묵해야만 했던 그런 사회가 정말로 맞는지 아닌지를 생각해야 합니다. 실제로 한국에는 기생집이 있어서 많은 사람이 일상적으로 그런 일을 계속하고 있으니 말입니다. 그러니까 그것은 말도 안 되는 행위가 아니라, 생활 속에 꽤 녹아들어 있는 일이라고 저는 생각합니다. (후략) (같은 책)

그런 다음 위안부 문제를 파헤치는 좌파 지식인에 반발한다.

반좌익, 반자유주의

아베의 가장 큰 특징은 '좌익'과 '자유주의'에 대한 적의를 명확히 드러낸다는 점이다. 첫 번째 저서인 《'보수혁명' 선언》에서는 일본의 '자유주의'는 유럽형이 아니라 미국형이라고 정의한후, 그것은 '사회주의'에 지극히 가까운 형태의 '복지주의'이며진보주의와 친화적이라고 말한다. 또한 무라야마 도미이치村山富市 내각의 '사람에게 가까운 정치'는 이 '자유주의'에 해당한다고 말한 뒤, 자신의 '보수'는 "애매한 '자유주의'적 분위기에 명백히 '아니'라고 의사 표시를 하는 입장"이라고 밝힌다(《'보수혁명' 선언》).《'보수혁명' 선언》의 부제는 '반자유주의에 대한 선택'이다.

아베는 정치에 갓 입문한 시절, 보수주의 사상가인 니시베 스스무西部邁가 표명한 보수의 정의에 '가장 공감'한 듯하나(같은책), 애당초는 보수에 대한 사상적 관심보다는 반좌익이라는 마음이 앞섰다고 솔직히 고백한다.

> 제가 보수주의로 기운 것은, 시작은 '보수주의' 그 자체에 매료되었
> 다기보다는 오히려 '진보파', '혁신'이라고 불린 사람들의 수상쩍음
> 에 반발했다고밖에는 말할 수 없습니다.
>
> (같은 책)

아베의 좌익 비판은 가속화한다. 총리 취임을 2년 앞둔 2004년에 출간한 대담집《이 나라를 지키는 결의》에서는 노골적인 좌익 비판이 거듭된다.

아베에 따르면 좌파 인사들은 "전혀 논리적이지 않은 주장을 펼치는 세력"이며 "전후戰後의 분위기" 속에 있다(같은 책).

그러한 인사들은 자국의 일임에도 일본이 안전보장 체제를 확립하려 하면 저지하려 든다거나, 일본의 역사관을 비하하여 자긍심을 가지지 못하도록 합니다. 한편 일본과 대적하는 국가에 대해 강한 동정심을 표하거나, 그 국민들에게 일본 정부에 소송을 걸도록 부추기는 운동을 이곳저곳에서 전개하고 있습니다.

(같은 책)

아베는 일부 자민당 의원도 '전후의 분위기'에 감염되었다고 지적하며 불편한 심기를 드러낸다. 납치 문제를 둘러싸고는 '정情'보다도 핵 문제에 대처하는 '지知'를 우선해야 한다는 논의가 당내에서 제기된 데 대해 "이건 이상하다고 생각해서, 저는 각종 TV 프로그램이나 강연, 더불어 국회 답변 등을 통해 철저히 논파했습니다"라고 말한다(같은 책).

이때 '논파'라는 단어를 사용했는데, 아베라는 정치인의 특징을 여실히 드러내는 표현이라 할 수 있다. 상대의 의견에 귀를 기울이면서 합의를 이끌어내려고 힘쓰는 것이 아니라, 자신의 옳음에 근거하여 '논파'하는 데 가치를 두었음을 잘 알 수 있다. 심지어 상대는 같은 자민당 의원이었다.

아베는 다음과 같이 말한다.

> 전후 외교·안전보장 논의를 현재 검증하면 이른바 양심적, 진보적, 자유주의라는 말로 포장한 좌익 인사가 얼마나 어설프고 틀렸는지 알 수 있습니다. 논의로서는 승부가 났는데도 아직껏 정계나 언론에서 형태만 바꾼 채 영향력을 유지하고 있습니다.
>
> (같은 책)

이렇듯 일방적인 승리 선언을 하면서도 불만이 가시지 않은 모양이다. 아베는 자신들이 옳고 좌익이 틀렸다는 게 명확한데도 오히려 자신들이 소수파에, '약간 별난 사람들' 취급을 받는 것이 이해가 가지 않는다고 말한다(같은 책).

아베가 반좌익의 표적으로 삼은 것이 〈아사히신문〉과 '일교조(일본 교직원 조합)'다.

그는 첫 당선 때부터 언론에 강한 불신을 드러냈다. 《'보수혁명' 선언》에서는 1993년에 치른 선거를 두고 "일본 신당이나 당시 신생당을 대상으로 언론이 확실한 바람을 불어넣었지요"
라고 언급하며 "자민당은 쓰러뜨려야 할 상대"로 간주되고 있
다고 지적한다(《'보수혁명' 선언》). 소선거구 비례대표 병립제에
서는 50퍼센트의 득표가 필요하기에 언론을 통해 수많은 사람
에게 알려야 한다. 이를 두고 "언론의 권력이 점점 커진다"고
경계했다(같은 책).

아베는 거듭 〈아사히신문〉을 적대시하여 강하게 공격한다.
가령 일본인의 대미 인식에 관해 '국민이 오해하도록 조장하는
세력'이 존재한다고 지적하면서 〈아사히신문〉을 저격했다(《이
나라를 지키는 결의》).

또한 일본인의 교육이 비뚤어진 것은 일교조의 책임이 크
다고 말하며, 경계심을 환기했다. 무라야마 내각 이후 자민당
내에도 일교조와 교류하는 의원이 등장했지만 융화 분위기는
금물이며, "일교조에 대한 무른 시각을 배제하는 편이 좋다고
생각합니다"라고 말한다. 일교조는 문부성과의 가까운 관계를
방패막이로 한 후, "지방에서는 과격한 운동을 전개하는 것이
현실"이라고 말한다(같은 책).

야스쿠니 신사 참배는 국가관의 근본

아베의 구체적 정책을 살펴보면, 총리 취임 이전의 발언은 역사

인식이나 외교·안보의 분야에 집중되어 있다.

우선 총리 자격으로 행하는 야스쿠니 신사 참배의 정당성을 역설한다. 이는 이미 나카소네 야스히로中曾根康弘 내각 때 결론이 난 문제인데,[3] 공식 참배라는 형태를 취하지 않으면 합헌이라는 견해를 강조한다.

아베는 말한다.

> 야스쿠니 신사 참배를 직접적으로 군국주의와 결부하는 것은 완전히 엉뚱한 의견이라 할 수 있겠습니다. 그러니까 총리가 자연스러운 마음으로 참배를 하고, 그것을 국민도 조용히 지켜보는 것이 가장 올바른 자세라고 생각합니다.
>
> (같은 책)

아베가 야스쿠니 신사 참배에 집착하는 것은 바로 그곳에 중요한 국가관이 집약되었다고 생각하는 까닭이다. 국가는 목숨을 던져서라도 국가를 지키려 하는 국민이 없으면 존재하지 않는다. 따라서 나라를 위해 목숨을 버린 사람을 현창顯彰하지 않는다면 국가는 존재할 수 없다는 것이 아베의 주장이다.

---

3 일본 보수의 거물인 나카소네는 전후 일본 총리 가운데 처음으로 야스쿠니 신사를 참배했다.

야스쿠니 신사와 관련한 문제는 언제나 국가 문제를 생각하게 합니다. 자유 등 우리의 다양한 여러 권리를 담보하는 것은 최종적으로는 국가입니다. 국가가 존속하기 위해서는 때로는 위험을 무릅쓰더라도, 목숨을 던져서라도 국가를 지키려는 사람이 있어야 합니다. 그렇지 않으면 국가는 존재하지 않습니다. 그런 사람의 발자취를 현창하는 것을 국가가 수수방관한다면 누가 나라를 위해 피와 땀을 흘릴까요?

(같은 책)

미일 안보 강화를 일관되게 강조

외교·안보에 관해서는 처음부터 일관되게 '미일 기축'을 강조하여 미일 안보 강화를 주장한다(《'보수혁명' 선언》). 참고로 아베가 큰 영향을 받은 것으로 알려진 니시베 스스무는 이와 관련해 일관되게 반대 주장을 펼쳐왔다.

아베는 아시아주의에 대한 경계를 강조한다.

우리가 아시아의 일원이라는 사실에 대한 과도한 집착은 오히려 정책적으로는 치명적인 오류를 도출할 수 있는 위험한 불씨이기도 합니다.

(같은 책)

일본은 "구미 서양 국가와 관습적으로는 서로 더 이해할 수 있는 부분이 있을지도 모른다." 과거 오카쿠라 덴신岡倉天心이 《동양의 이상東洋の理想》에서 주장한 '아시아는 하나'라는 관념은 배제해야 한다고 주장한다(같은 책).

아베는 중국과 베트남, 북한 등 공산주의 국가와의 가치관이 다르다는 점을 강조한다. 같은 아시아라 해도 국가체제가 너무 다르다. 가치관의 체계도 너무 다르다. 그런 나라와는 역시 거리를 두어야 한다는 것이 그가 주장하는 핵심 내용이다.

이러한 관점이니만큼, 아시아에 '다중 대담 기구' 혹은 '집단 안보 기구'를 만들어 안전을 확보해야 한다는 의견에 강하게 반발한다. 이는 "절대로 불가능하다"고 단언하며 미국이 가장 중요하다고 거듭 확인한다(같은 책).

아베는 당선 초기부터 집단적 자위권을 인정해야 한다는 견해를 드러냈다. "현행 헌법 아래에서 후방 지원의 범위 내에서의 행동 전제가 되는 집단적 자위권 정도는 최소한 인정해야 한다"고 말하며, 헌법 개정 이전의 문제라고 논한다(같은 책). 이러한 신념이 있었기에 훗날 헌법 9조를 개정하지 않은 채 안보 법제 정비를 추진한 것이리라.

단, 아베가 개헌에 소극적이었던 것은 아니다. "헌법을 불마不磨의 대전大典처럼 우러르며 털끝 하나 대서는 안 된다는 것은 일종의 마인드 컨트롤"이라고 진술하며 다음과 같이 말한다.

> 저는 다음과 같은 세 가지 이유로 헌법을 개정해야 한다고 생각합니다. 첫째로 현행 헌법은 GHQ(연합군 최고사령부)가 단기간에 작성하여 일본에 강요한 것이라는 점, 둘째로 쇼와昭和에서 헤이세이平成로, 20세기에서 21세기로 시대가 변하여 9조 등 현실과 맞지 않는 조문도 있다는 점, 셋째로 새로운 시대에 걸맞은 새로운 헌법을 우리 손으로 만들자는 창조 정신에 따라 비로소 우리는 미래를 개척해나갈 수 있다고 생각하기 때문입니다.
>
> 《이 나라를 지키는 결의》

친미파인 아베는 이라크 전쟁에 관해서도 미국을 지지했다. 자위병 파견에 관해서도 민주화를 정착시킨다는 '대의'와 석유 확보라는 '국익'을 위해 적극적으로 추진해야 한다는 입장을 취했다(같은 책).

이렇듯 아베의 '친미' 입장은 흔들림이 없다.

'세계 속의 미일 동맹'이란, 미일 안보 조약에 의한 미일의 연대와

---

4 '닳지 않을 대전'이라는 뜻으로, 일본 헌법인 메이지 헌법을 가리키는 말이다.

동맹 관계를 세계 모든 곳에서 굳건히 하는 것입니다. 미국과의 강력한 동맹 관계를 세계에서 일본의 국익을 실현하는 데 지렛대로 삼는 것이기도 하며, 국제 사회의 협력 구축에도 이바지하는 셈입니다.

(같은 책)

단, 오키나와의 미군기지 부담에 관해서는 확실히 대책을 세워야 한다고 언급했다. 오키나와의 미군기지는 "가능한 한 줄여나가는 것"에 온 힘을 다해야 하며 "오키나와에 기지가 과도하게 집중된 현실에는 역시 우리 정치인들이 정면으로 마주해야 한다고 생각합니다"라고 말했다(《'보수혁명' 선언》).

이런 점에서 오키나와 현지사와 대립하여, 헤노코辺野古 미군기지 이전을 추진하는 현시점의 아베는 자신의 과거 발언을 어떻게 돌아보고 있을까? 아마도 헤노코 이전이야말로 후텐마普天間 기지를 반환하는 유일한 방법이며 오키나와의 부담 경감에도 도움이 된다고 주장하리라 보지만, 오키나와 현민의 이해를 얻지 못했다는 점이 2018년 현지사 선거에서 드러났다. 헤노코 이전 반대를 내세운 다마키 데니玉城デニー가 아베의 전면 지원을 받은 여당 측 후보를 상대로 8만 표 이상의 압승을 거둔 것이다.

정치인은 결과를 책임짐으로써
면죄부를 받는다

아베가 거듭 꺼내는 추억 이야기 중 조부인 기시 노부스케에 관한 일화가 있다. 그가 60년 안보 투쟁[5] 당시 총리였던 조부와 말타기 놀이를 하던 중 시위대의 흉내를 내면서 "안보 반대"라고 외치다가, 부친인 아베 신타로에게 혼이 났다는 일화는 잘 알려져 있다.

내가 주목한 것은 기시가 안보 조약을 통과시키고자 이에 엄격한 태도를 취했던 오노 반보쿠大野伴睦의 찬성을 얻으려고 '다음 정권을 오노 씨에게 양보한다'는 취지의 각서를 썼다는 이야기다. 이 점에 관해 친족 중 한 명이 기시에게 물어보자 그는 "물론 쓰긴 했지"라고 대답했다고 한다. 하지만 총리직은 오노에게 선양되지 않았다. 한마디로 약속을 헌신짝처럼 내다 버린 것이다.

친족이 "너무 심한 처사가 아니냐"고 하자 "심하다고 생각할 수도 있지만, 그 각서를 안 썼다면 안보 조약은 과연 어떻게 되었겠는가"라고 답했다고 한다(《이 나라를 지키는 결의》).

이 일화를 바탕으로 아베는 다음과 같이 말한다.

---

5 1960년 일본에서 미국 주도의 냉전에 가담하는 미일 상호방위조약 개정에 반대하여 일어난 시민 주도의 대규모 평화운동을 말한다.

저는 그 후 읽은 막스 베버Max Weber의 《직업으로서의 정치》에서 "조부의 결단은 어쩔 수 없는 일이었다"는 결론에 이르렀습니다. 조부의 판단은 동기윤리Gesinnungsethik로서는 문제가 있습니다. 하지만 책임윤리Verantwortungsethik[6]로서는 '요시다 안전보장 조약을 개정한다'는 과제를 훌륭히 성취했습니다. 특히나 정치인은 결과를 책임질 것을 요구받습니다. 국익을 해치지 않으면서도 대립하는 과정에서 어떠한 결단을 내리는가, 이 부분을 말하는 것이라고 생각합니다.

(같은 책)

이 일화는 《'보수혁명' 선언》에서도 언급될 만큼, 아베 신조라는 정치인의 중요한 지침이 된 듯하다.

총리 재임 중 아베의 발언은 그때그때의 자리만 모면하려는 경향이 강하고 성실하지 못하다는 지적을 받고 있다. 그러나

---

[6] 막스 베버가 《직업으로서의 정치》에서 정식화한, 윤리적으로 방향 설정된 행위가 직면하여 서로 대립하는 두 가지 준칙이다. '책임윤리적으로 행위한다'는 것은 인간의 불완전성을 고려하여 해당 행위에 대한 예견할 수 있는 결과에 대해 본인이 책임을 져야 한다고 생각하는 것인 데 반해, '동기윤리적으로 행위한다'는 것은 해당 행위가 순수한 심정에서 이루어진다는 점에 가치를 두고 그 행위의 결과에 대해서는 신경 쓰지 않는다.

아베는 동요하지 않는 듯하다. 그는 기시 노부스케의 태도를 이어받아 동기윤리로서 문제가 있어도 결과에 책임만 지면 면죄라고 생각하니까.

아베가 취하는 행동 원리의 '뿌리'에는 기시의 정치 자세를 고스란히 이어받은 측면이 있다고 할 수 있다.

일본형 신보수주의 세력의 권력 탈취

이제 아베의 행정에 대한 자세와 경제 정책을 살펴보자. 1996년에 출간된《'보수혁명' 선언》에서는 "철저한 행정 혁신이 필요합니다"라고 말하며 민영화를 추진해야 한다는 입장을 드러냈다. 특히 공무원 구조조정을 해야 한다고 강조하며 십 년간 절반으로 줄여야 한다고 주장했다.

사실《'보수혁명' 선언》,《이 나라를 지키는 결의》에서 언급된 행정 정책은 이것뿐이다. 경제 정책에 관해서는 언급이 전혀 없다.

사회보장 정책에 관한 언급이 등장한 것은 총리 취임이 코앞으로 다가온 2006년의 저서(《일본을 말하다》,《아름다운 나라로》) 이후의 일이다. 앞서 소개했듯, 그 이전에는 역사 인식 문제와 외교·안보 문제에 편중되어 있다.

이 불균형도 아베의 특징이라 할 수 있다.

지금까지 아베의 정치인으로서의 '진면목'을 살펴보았다.

아베의 본래 관심사는 가로축(가치 문제)에 집중되어 있다. 그리고 그 자세는 본인이 언급하듯 '반자유주의'다.

비교적 얼마 언급하지 않은 세로축에 관해서는 '철저한 행정 개혁'을 강조함으로써 '위기의 개인화'를 지향한다는 사실을 알 수 있다. 총리 취임이 얼마 남지 않았을 무렵(2006년), 고이즈미 개조 개혁의 영향을 받아 양극화·빈곤 문제가 사회 현상으로 대두되어 많은 정치인이 대응책을 제시할 것을 강하게 요구받았다. 아베는 '재도전'이라는 개념을 내세워 구조개혁·신자유주의 노선을 높이 평가하면서 빈곤 문제를 해결해야 한다는 입장을 펼쳤지만, 고이즈미 개혁을 지지하고 승계하는 노선은 요지부동이었다. '아베노믹스'라는 리플레이션[7] 경향의 경제 정책이 나오는 것은 한 번 총리직에서 내려와 민주당 정권(2009~2012년)을 경험한 후의 이야기다.

따라서 아베는 IV 유형의 정치인이라고 할 수 있으리라. 고이즈미 준이치로는 가로축에는 그다지 관심이 없고, 세로축의 '위기의 개인화'를 추진하는 데 강한 관심을 기울인 정치인이

---

7   경제가 디플레이션 상태에서 벗어났지만 심각한 인플레이션을 유발하지 않을 정도로 통화를 재팽창시키는 것을 의미한다. 즉 디플레이션을 벗어나 어느 정도 물가가 오르는 상태로 만드는 상황을 뜻한다.

다. 반면 그 뒤를 이은 아베는 그와는 전혀 다르게, 가로축에 강한 관심을 드러냈음을 알 수 있다.

이 두 인물의 노선이 만남으로써 일본형 신보수주의 세력으로서의 Ⅳ 유형이 헤게모니를 쥐게 된 것이다.

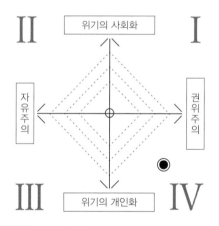

- 본래의 관심은 가치 문제에 집중
- 반자유주의. 일관되게 미일 안보 강화
- 철저한 행정 혁신. '위기의 개인화'를 지향

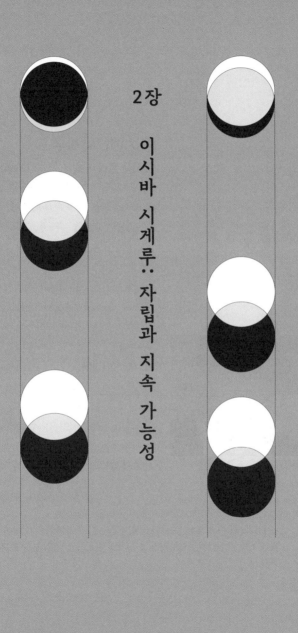

2장

이시바 시게루: 자립과 지속 가능성

이시바 시게루

중의원 의원. 자민당. 돗토리현鳥取県 제1구. 11선. 1957년 2월 4일 돗토리현 출생. 1979년 게이오기주쿠慶應義塾대학 법학부 법률학과 졸업 후 주식회사 미쓰이은행三井銀行 입사. 1986년 중의원 의원 첫 당선. 1992년 농림수산 정무차관. 1996년 중의원 규제완화 특별위원장. 1998년 중의원 운수運輸 위원장. 2000년 농림수산 총괄 정무차관, 방위 총괄 정무차관. 2001년 방위청 부장관. 2002년 방위청 장관. 2007년 방위성 대신(후쿠다 내각). 2008년 농림수산성 대신(아소 내각). 2009년 자유민주당 정무조사회장. 2012년 자유민주당 간사장. 2014년 지방창생地方創生[1]·국가전략 특별구역 담당대신(제2차 아베 내각).

2018년 8월 10일, 도쿄 나가타초.

---

1   아베 내각의 중요 과제 중 하나로, 인구 감소와 고령화 등으로 성장이 정체한 지방을 활성화함으로써 일본 전체의 활력을 높이는 것을 목적으로 한다.

저서 수, 정계 최고 수준

2장에서 다룰 인물은 아베 신조와 2018년 자민당 총재 선거에서 경쟁했던 이시바 시게루다.

이시바는 과거 방위청 장관, 방위성 대신을 오래 역임했기에 '방위, 안보' 전문가라는 이미지가 굳어져 있다. 그런 그가 헌법 9조 개정론자라는 사실은 어느 정도 알려졌으리라. 그러나 그 외의 정책이나 비전은 그리 많이 알려져 있지 않다. 애초에 이시바는 농림수산성 대신도 역임한 적이 있는 이른바 '농수족農水族'이다. 또한 제2차 아베 내각에서 지방창생 담당대신을 역임하여 최근에는 지방의 활성화 문제에 관한 발언이 잦았다.

이시바는 국회의원으로서는 꽤 많은 저서 및 대담집을 출간한 정치인이다. 내 책장을 쓱 훑어보기만 했는데도 저서가 아홉 권, 대담집 및 공저가 아홉 권 꽂혀 있다. 미처 사지 못한 책도 있을 테니 저서 수는 정계 최고 수준이라 말해도 좋으리라.

단독 저서

①《직업 정치의 복권: 혼란으로부터의 탈출 그것은 무당파층이 눈
뜰 때職業政治の復権―混迷からの脱出 それは無党派層がめざめるとき》

1995년, 산도케출판국サンドケー出版局

②《국방国防》

2005년, 신초샤

③《국방입문国防入門》

만화: 하라 노조미原望, 2007년, 아오바출판あおば出版

④《국란: 정치에 환상은 필요 없다国難―政治に幻想はいらない》

2012년, 신초샤

⑤《진 · 정치력真 · 政治力》

2013년, 와니북스ワニブックス

⑥《일본을, 되찾다. 헌법을, 되찾다.日本を、取り戻す。憲法を、取り戻す。》

2013년, PHP

⑦《일본인을 위한 '집단적 자위권' 입문日本人のための「集団的自衛権」
入門》

2014년, 신초샤

⑧《일본 열도 창생론日本列島創生論》

　　2017년, 신초샤

⑨《정책지상주의政策至上主義》

　　2018년, 신초샤

대담집·공저

⑩《넋 놓고 죽기만 기다리지 말고坐シテ死セズ》

　　니시오 간지西尾幹二와 공저, 2003년, 고분샤

⑪《군사를 모른 채 평화를 입에 올리지 말라軍事を知らずして平和を語るな》

　　기요타니 신이치清谷信一와 공저, 2006년, KK베스트셀러즈

⑫《국방의 논점: 일본인이 모르는 진정한 국가위기国防の論点―日本人が知らない本当の国家危機》

　　모리모토 사토시森本敏, 나가시마 아키히사長島昭久와 공저, 2007년, PHP

⑬《일본의 전쟁과 평화日本の戦争と平和》

　　오가와 가즈히사小川和久와 공저, 2009년, 비즈니스샤

⑭《이런 일본을 만들고 싶다こんな日本をつくりたい》

　　우노 쓰네히로宇野常寛와 공저, 2012년, 오타출판太田出版

⑮《국방군이란 무엇인가国防軍とは何か》

　모리모토 사토시, 니시 오사무西修와 공저, 2013년, 겐토샤幻冬舎

⑯《어떻게 할까? 어떻게 될까? 일본의 대문제どうする？どうなる？ニッポンの大問題》

　폰の大問題》

　히로카네 겐시弘兼憲史와 공저, 2017년, 와니북스

⑰《이시바 시게루와 스이게쓰카이水月會**2**의 일본 창생石破茂と水月會の日本創生》

　2018년, 스이게쓰카이와 공저, 신코샤新潮社

논평

⑱《이시바 시게루의 '머릿속'石破茂の「頭の中」》

　스즈키 데쓰오鈴木哲夫 저, 2018년, 북쿠만샤ブックマン社

　이시바의 전반적인 생각을 알고자 한다면 이 중에서《이런 일본을 만들고 싶다》를 추천한다. 평론가인 우노 쓰네히로가 다방면에 걸쳐 던지는 질문에 이시바가 자신의 이념과 입장을 솔직하게 이야기하는 책이다.

　이시바의 안전보장론은《일본인을 위한 '집단적 자위권' 입

2　자민당 내 파벌 중 하나. 이시바가 결성한 만큼, 통상 '이시바파'라고 불린다.

문》에 깔끔하게 정리되어 있다. 지방 활성화의 구체적 시책에 관해서는 《일본 열도 창생론》이 쉽게 읽히며, 정치인으로서의 행보를 알고 싶다면 스즈키 데쓰오가 쓴 《이시바 시게루의 '머릿속'》이 적합하다.

'작은 정부'를 지향, 자립과 지속 가능성

이시바 시게루라는 정치인을 파악할 때 놓치지 말아야 할 부분은 상당히 명확하게 '작은 정부'를 지향한다는 점이다. 이시바는 다음과 같은 신념을 거듭 주장한다.

> 어디까지나 기본은 '개체의 자립'이며, '자조自助'입니다. 그것을 보완하는 것이 공동체 속에서 서로 돕는 '공조共助', 그래도 메우지 못할 때 동원하는 것이 세금을 쓰는 '공조公助'이지, 그 반대는 있을 수 없습니다. 이것저것 할 것 없이 모두 '공조公助'에만 의지한다면 머지않아 국가 자체가 존재하지 못하리라 생각하기 때문입니다.
>
> (《이런 일본을 만들고 싶다》)

또한 최근에는 '자립 정신이 왕성하고 지속적으로 발전하는 나라 만들기'라는 슬로건을 내걸고, 공적 서비스에 의존하지 않는 '개체의 자립'의 중요성을 역설하고 있다. 자신이 국회의원을 하는 이유가 바로 이 슬로건을 실현하는 것에 있다고 말하는 대목에서, 이시바의 강한 신념을 엿볼 수 있다(《정책지상주의》).

이시바가 높이 평가하는 정권은 고이즈미 준이치로 내각이다. 일관된 신념을 갖고 우정 민영화에 달려들어, 그것을 실행한 고이즈미의 자세가 국민에게 높이 평가받았다고 보는 것이다. 나아가 일본의 자유화 확립을 위해 더욱 길게 총리를 역임해야 한다는 견해를 드러냈다(같은 책). 이시바는 "국가는 쓸데없는 짓을 하지 말아야 한다"고 말하며, 규제완화를 중심으로 한 자유화를 칭송한다.

> 과도한 개입은 결과적으로 경제를 피폐하게 만듭니다. 정부는 규제완화, 세제 개혁, 공정한 무역 규정 만들기 등 환경 정비에 철저히 임해야 합니다.
>
> (같은 책)

경제성장이 지속되는 시대가 끝난 지금, 일본은 '선택과 집중의 논리'를 취해 정부의 지출을 억제할 필요가 있다고 말한다. 그리고 철저히 자유화 논리를 추진하여 국제 경쟁력을 지닌 바람직한 국가의 모습을 갖춰나가야 한다고 주장한다.

이시바는 농업에 대해서도 국가 경쟁력 강화를 추구한다. 일본의 농업을 글로벌 시장에 더욱더 진출시켜야 하며, 품질 좋은 농작물을 전 세계에 판매해서 농업 소득을 증대해야 한다고 말한다. 이 관점에서 TPP(환태평양경제동반자협정)에 찬성하는 입장을 취한다. "관세는 당장 철폐하고, 예외는 일절 인정하지 않는다"는 극단론에는 단호히 대처해야 한다고 말하면서도 기본적으로는 TPP를 성립시킴으로써 경쟁력을 높이고자 하는 것이 이시바의 생각이다.

조건이 불리한 지역의 농업에는 직접소득보상 등 세심한 수당을 지급해야 한다고 말하면서, 기본적으로는 "의지가 있는 사람"에게 농지와 자금을 집중적으로 제공하고 농협의 경영자 의식을 고쳐시키는 개혁을 지향하고 있다.

한편 '작은 정부' 노선으로 인하여 사회안전망 안에 머물지 못하는 사람들에 대해서는 어떻게 생각하는 것일까?

이때도 '자조 노력'이나 '개체의 자립'을 기본으로 하는 인간관이 정책 구상에 강하게 반영된다. 이시바는 생활보호 정책에 관해 다음과 같이 말했다.

생활보호는 국가의 의무로서, 일본 국민에게 최저한의 생활을 보장한다는 내용이다. 만약 모든 사회보장을 생활보호형, 즉 '살아 있는 것만으로 급부금을 지급'하는 형태로 규정하면 스스로 열심히 건사해야 한다는 생각으로 평생을 열심히 애써온 분들과 '어차피 나라가 어떻게든 해주겠지' 하는 생각에 의지하여 아무것도 하지 않는 사람들 간의 차이가 없어진다. 그런 제도는 좋지 않다고 생각한다.

(같은 책)

생활보호 정책은 기본적으로 현물 지급을 원칙으로 해야 하며, 금전적 보조를 할 때도 용도별 쿠폰 지급을 도입해야 한다고 말한다. 이를 두고 "유흥비 등에 쓰이는 건 받아들일 수 없다는 것이 일반 국민의 정서이기 때문"이라고 주장한다.

'자립'과 함께 이시바를 대변하는 또 하나의 키워드는 '지속 가능성'이다. 이시바의 주장을 살피면 지금까지의 사회 체제나 정책을 이어간다고 했을 때, 일본은 머지않아 파산에 이르고 말리라는 강한 위기의식을 엿볼 수 있다. 지속 가능한 일본 사회를 만들려면 행정 서비스의 '선택과 집중'을 추진해야 하며, 나아가 국민에게 부담 확대를 요구해야 할 필요성이 생길지도 모른다고 생각한다.

특히 이시바가 재검토해야 한다고 생각하는 것은 연금제도다. 이때 연금은 '증여'가 아니라 '보험'이라는 관점을 강조한다.

땅이 있고 수입도 있는 부유층이 연금도 받고 대중교통을 무료 혹은 할인된 가격으로 이용합니다. 연금에는 손을 대지 않고 저금하여 자녀에게 상속합니다. 이대로라면 양극화는 심해질 뿐입니다.

본래 의료도 연금도 개호介護[3]도, 병에 걸리거나 나이가 들어 자산도 수입도 없어졌을 때를 위한 '보험'이었을 터입니다.

병에 걸렸을 때를 위한 보험이 의료보험.

몸에 불편함이 생겼을 때 수입도 자산도 없는 분들을 위한 보험이 개호보험.

나이가 들었는데 수입도 자산도 없는 분들을 위한 보험이 연금.

그러나 현실에서는 몸에 불편함이 생겼지만 부동산 수입은 있거나, 나이를 먹었지만 충분한 저금이 있거나, 병에 걸렸지만 수입은 안정적인 분들이 있습니다.

이렇듯 '위험을 피할 수 있는 사람'도 빠짐없이 보험 혜택을 받는 실정입니다.

위기를 피할 수 있는 사람까지 왜 보험 혜택을 받아야 하는 걸까요?

《진·정치력》

'위험을 피할 수 있는 사람'에게는 연금을 지급하지 않고

---

[3] 환자나 노약자 등을 곁에서 돌보는 것을 말하며, 초고령사회인 일본에서는 핵심 화두로 손꼽힌다.

생활을 도저히 유지할 수 없는 사람에게만 보험으로서 연금을 지급하는 것, 그것이 지속 가능한 연금제도라고 말한다.

한편 이시바는 현역 세대(특히 청년)에 대한 재분배를 강화해야 한다고 주장한다. 그는 줄곧 "청년을 부자로 만들자!"라고 말해왔다.

해마다 청년은 감소하고 고령자는 증가하고 있다. 그러나 중요한 것은 '일하는 사람'이 '일하지 않게 된 사람'을 먹여 살리는 구조에서, 한 사람이 1.05명을 감당하는 비율은 1970년대부터 그다지 변화하지 않았다. 문제는 '일하는 사람'이 제대로 벌 수 있는 체제를 만드는 것이며, 현역 세대가 풍요로워짐으로써 사회가 안정된다는 것이 이시바의 생각이다.

따라서 보육원을 확충해야 한다고 열심히 주장했고, 보육사의 처우를 개선할 필요가 있다고도 일찍부터 주장했다. 사회복지의 중점을 청년 세대로 이동하는 것이 고령자 세대를 지탱하는 것으로 이어진다는 구상이다.

아베노믹스에 대한 회의적 시각

아베노믹스에 대해서는 거듭 회의적인 견해를 제시했다. 디플레이션 상황에서 각종 지표를 큰 폭으로 개선한 것은 높이 평가해야 한다고 말하는 한편, 전체적인 매출은 늘지 않고 임금도

오르지 않았기 때문에 문제가 있다고 지적한다. 또한 유효구인
배율有效求人倍率[4]이 올라갔을 뿐 아니라 단카이団塊 세대[5]가 대량
으로 은퇴함으로써 구조적인 인력 부족이 발생하는 것이 실상
이라고 보고 있다.

국민 대부분은 "경기 회복을 실감할 수 없다"고 답하며 아
베노믹스에 반신반의하는 상태가 이어지고 있다. 이를 개선하
기 위해서는 어떻게 해야 할까.

이시바는 일본의 산업 구조에 주목한다. "일본 GDP의 70
퍼센트, 고용의 80퍼센트를 차지하는 것은 지역의 중소 영세기
업"이다《정책지상주의》). 일본에서는 상장기업이 아닌 회사에서
일하는 사람이 대다수이므로, 이들에게까지 가닿는 경제 정책
을 취하지 않으면 국민 전체가 실감하기 어렵다.

여기에서 지방의 존재에 주목한다.

우리나라에는 천혜의 자연조건을 갖춘 지방 도시와 주택지가 있으
며 농림수산업, 관광업 등의 서비스업, 지역 건설업 등이 있습니다.
이곳에야말로 온갖 가능성과 수많은 성장 가능성, 신산업과 틈새
산업의 씨앗이 있습니다.

4 　구직자 대비 구인자 비율.
5 　제2차 세계대전 후 태어난 베이비붐 세대를 가리킨다.

이 지방산업, 즉 지방의 성장이 향후 일본 전체의 경제성장을 지탱할 것입니다.

(중략) 지방 소득이 늘어서 중앙으로의 인구 유출이 멈추고, 인구가 증가 추세로 전환한다고 칩시다. 바로 거기에서 활로를 찾아내야 합니다. 여러 가지로 고민했지만, 이것이 제 결론 중 하나입니다.

(같은 책)

한편 이시바는 재정 건전화에도 적극적으로 힘써야 한다고 강조한다. '국채'라는 이름의 빚을 쌓아가는 것은 이미 한계에 달했다. 더는 다음 세대에 대한 부담을 남기지 않고 미래의 자율성을 확보하기 위해서는 재정 건전화를 꾀해야 한다.

그러기 위해서는, 당연히 재원을 확보해야 한다.

이시바가 주장해온 것은 소비세 증세다. 사회복지의 재원을 확보하기 위해서도 소비세 증세라는 과제를 회피해서는 안 되며, 대중적으로 인기가 없는 정책이라도 국가의 지속 가능성을 생각한다면 국민에게 부담을 요구해야만 한다고 주장한다.

원전은 재가동, 미 해병대는 국외로

원전 정책을 살펴보면 기본적으로 재가동에 찬성하는 입장을 취한다.

단기적 비전으로서는 전기를 안정적으로 공급하기 위해 원전 재가동은 어쩔 수 없다고 주장한다. 그러나 중장기적으로는 총 전기 생산량에서 원전이 차지하는 비율을 낮추어야 하며, 자연에너지로 넘어가는 정책을 추진해야 한다. 그러기 위해서는 가능성 있는 기술을 집중적으로 철저히 연구 개발해야 한다고 말한다. "재가동이냐, 재생 에너지냐"라는 이분법적 물음은 "시간 축을 무시하므로 난센스"라는 것이 이시바의 견해다(《이런 일본을 만들고 싶다》).

안보 정책도 살펴보자. 방위성 대신을 역임하고 일찍이 헌법 9조 개정을 주창해온 만큼 '군사 오타쿠이자 매파'라는 이미지가 먼저 떠오른다. 하지만 그의 주장은 기존의 미일 안보 관계에 비판적이며, 아베 내각의 방침과는 선을 긋고 있다.

이시바는 개별적 자위권과 집단적 자위권을 분리하는 사고방식을 취하지 않는다. 애초에 자위권 자체는 헌법 이전의 존재이며, 국가에 자연권적으로 부여된 것이기에 "논리적으로 헌법에서 '집단적 자위권 행사 불가'라는 결론은 이끌어낼 수 없다"고 말한다(《정책지상주의》).

따라서 집단적 자위권은 현행 헌법상에서도 인정받고 있으며 그 행사를 법률로 엄밀히 제약해야 한다고 주장한다. 다만 헌법상의 문제가 지속적으로 도마에 오르고 있으므로, 9조 2항을 개정하여 의의疑義가 없는 상태로 만들어야 한다고 논한다.

이시바의 논의에서 주목해야 할 점은 그다음이다.

주권 국가에서 당연하다는 듯이 다른 나라의 군대가 대규모로 주
둔하고 있습니다. 그런데 의문을 가지지 않는다는 것은 주권 국가
의 국민이 갖는 의식으로서, 어떻게 생각해도 이상한 일입니다. 제
가 "자립 정신이 왕성한 국가를 만들고 싶다"고 말하는 가장 큰 이
유가 바로 여기에 있습니다.

(같은 책)

이시바는 미국의 군사기지로 일본의 영토를 무비판적으로
제공한다면, 자립한 독립국이라 할 수 없다고 주장한다. 현 상
황의 미일 안보조약은 명백히 불평등하며, 대등한 동맹국이라
할 수 없다는 인식을 드러낸다.

대등한 관계가 되기 위해서는 어떻게 해야 할까?

우선은 집단적 자위권의 행사를 편무적인 것에서 쌍무적인
것으로 만들어 미일 안보조약을 대칭적인 방향으로 개정해야
한다고 주장한다.

이시바는 미일 지위 협정을 개정해야 한다고 힘주어 이야
기한다. "미국 내에서는 하지 않는 초저공 비행을 허락해서는

안 된다"는 말과 함께 다음과 같이 논한다.

전 세계에 미군기지가 주둔하는 나라는 많지만, 관리권까지 미군에게 맡긴 나라는 거의 없습니다. 미국은 일본의 존재가 그들에게 도움이 되는 한 계속해서 주둔하겠지요. 그러나 그것을 무조건 받아줄 필요는 없을 것입니다.

《이시바 시게루의 '머릿속'》

그리고 이시바는 다음과 같이 제안한다.

오키나와의 부담에 대해서는, 가령 자위대의 해병대 기능을 강화함으로써 개선할 수 있을지도 모릅니다.

해병대는 일부 사람들이 말하는 것처럼 '난입 부대殴り込み部隊'가 아닙니다. 도서 지역을 거느린 해양국가에서는 당연한, 자국민의 구출과 도서 지역의 방위를 주 임무로 하는 부대입니다. 지금껏 자위대에 '해병대'는 없었습니다. 겨우 일전에 '수륙기동단'이 신설되어 해병대와 같은 기능이 부여되었습니다. 이를 확충하여 자위대에서 수행할 수 있는 임무는 미 해병대를 감축하는 방향으로 나아가는 것이 어떨까, 하는 생각입니다.

《정책지상주의》

이시바는 미 해병대를 국외로 이전하고, 그 기능을 자위대가 대체하는 방안도 구상하고 있다.

이시바는 2018년 7월 26일에 가졌던 강연에서 미 해병대가 후텐마에서 헤노코로 이전하는 것에 관하여 "현민분들의 이해를 얻지 못했다는 것은 잘 알고 있다"고 언급한 후, 다음과 같이 말했다.

> (헤노코 이전이) 최선이라고 할 수는 없다. 차선이라고도 할 수 없다. 최악이 아니라는 말밖에는 할 수 없다고 생각한다.
>
> (〈류큐신보琉球新報〉 2018년 7월 27일 자)

이시바의 '최선' 혹은 '차선'이라는 구상은 미 해병대가 오키나와에서 철수하고 자위대가 방위에 관한 대체 기능을 담당하는 것이리라. 후텐마 기지가 영속화하거나 반대로 미 해병대 철수의 구멍을 자위대가 메울 수 없는 사태가 '최악'이며, 그보다는 '나은 선택'이 바로 헤노코 이전이라는 것이리라. 지위 협정의 개정과 미 해병대의 오키나와 철수를 주장하는 이시바가 총리가 된다면, 미일 안보 관계는 큰 변화를 맞이하게 될지도 모른다.

그때 신경 쓰이는 것이 일본의 핵무장 문제다. 미국의 핵우산이 불완전해진다면 여기저기에서 핵무장론이 제기되리라는 예상을 할 수 있다. 이에 대해 이시바는 일본이 핵무장을 할 리가 없다며 전면적으로 부인한다.

저도 현시점에서 핵을 보유하는 것은 비현실적이며, 국익에 이바지하지 않는다고 생각합니다. 단순히 실험장이 없다는 이유에서도 그렇지만, 일본이 핵을 보유하면 "세계 유일의 피폭국인 일본도 갖고 있으니"라는 구실로 어떤 국가가 핵을 보유하더라도 금지할 명분이 없어지기 때문입니다.

《이런 일본을 만들고 싶다》

일본이 핵무장을 하면 NPT(핵확산금지조약) 체제는 파국으로 향하여 핵보유국이 속속 등장할 것이다. NPT 체제가 불공평하긴 하지만, 전 세계가 핵을 보유하는 것보다는 낫다는 것이 이시바의 견해다.

'가치'를 둘러싼 비전

여기까지 이시바의 다양한 이념·정책을 살펴보았는데 아직 나오지 않은 것이 있다. 바로 '가치관' 문제다.

사실 이시바의 약점은 이 '가치'를 둘러싼 비전에 있다. 그가 쓴 책이나 대담집을 읽어도 가치를 둘러싼 정책에 관한 언급은 매우 한정적이다.

이시바는 오늘날 고양되고 있는 민족주의를 둘러싸고 "애국심 같은 것은 애초에 강요하는 성질의 것이 아니"라고 말한다(같은 책). 또한 역사 인식에 관하여 난징대학살은 "규모는 제쳐두고라도 학살이 있었던 것은 사실이라 할 수밖에 없다"고 언급한다(같은 책).

총리의 야스쿠니 신사 참배에 관해서는 매우 신중하면서도 소극적 입장을 보이는데, 일왕이 참배할 수 있는 환경을 만드는 것이 중요하다고 발언한다. A급 전범 합사에 대해서도 비판적인 태도다. 그는 다음과 같이 말한다.

'국가의 명령에 의해 전장에서 산화散華한 병사'와 '명백히 이길 수 없는 전쟁이라는 사실을 알면서도 전쟁을 시작한 국가 지도자'는 명백히 다르다고, 저는 생각합니다. 8월 15일에는 고향에 있는 호코쿠신사護国神社[6]에서 참배하고 있습니다.

(이시바 시게루 공식 블로그, 2012년 6월 15일)

다만 안전보장 정책이나 지방 활성화 등에 비하면, 가치를

6　일본에서 국가를 위해 목숨을 바친 영혼을 기리기 위해 세운 신사.

둘러싼 정책에 관한 발언 빈도는 지극히 적은 편이다. 적극적인 발언을 피하는 듯 보인다.

성 소수자 문제에 관해서도 내가 과문한 탓인지 몰라도 언급한 경우를 찾기 어려운데, 다만 스기타 미오杉田水脈 의원의 "생산성이 없다"[7]는 발언(《신초45新潮45》 2018년 8월 호))을 둘러싼 소동에 대해서는 다음과 같이 비판한 적이 있다.

> 생산성이 없다는 말 같은 것을 해서는 안 된다. 그런 말이 용납된다면 자민당에 다양성, 포용력이 있다고는 할 수 없다. 다른 사람의 마음에 상처를 입히고 아무렇지 않은 자민당이기를 바라지 않는다.
>
> (〈아사히신문〉 2018년 7월 30일 자)

한편 선택적 부부 별성에 관해서는 반대 입장인 듯하다. 2010년에는 민주당 정권이 검토를 추진하는 민법 개정안에 관해 "이것을 기다리는 사람들의 니즈에 응하면서도 법안에는 반대한다는 자세를 드러내고자 한다"고 자민당 정조회장政調会長[8]

---

7   자민당 중의원 의원인 스기타 미오는 성 소수자들을 향해 "아이를 낳지 않으므로 생산성이 없다"는 말을 수 차례 언급한 바 있다.

8   정무조사회의 약칭으로, 당 정책 결정과 관련한 실무 총책임을 맡는 자리다. 한국의 '정책위의장'에 해당한다.

으로서 말했다.

이시바가 '자유주의인가, 권위주의인가'를 묻는다면 비교적 자유주의적인 경향이 있다고 할 수 있지만, 지금까지의 의원 생활에서 자유주의적인 어젠다를 중심 과제로 삼지 않았다는 것은 사실이리라. 또한 때때로 구시대적 가치관과 생활 양식을 미화하는 발언도 하는 등 잠재적으로 권위주의가 드러날 때가 있다.

다만 최근 아베 내각의 의사 결정 프로세스에 대해 당내 논의의 활성화나 성의 있는 합의 형성, 다양성 존중 등을 주장한다는 점에서는 상대적으로 자유주의적이라 할 수 있다.

살펴본 내용을 바탕으로 할 때, 이시바는 Ⅲ 유형의 정치인이다. 이 영역은 이른바 신자유주의라 불리는 구역으로, 이시바 시게루라는 정치인은 기본적으로 신자유주의자라고 판단해도 좋다고 생각한다. 고이즈미 전 총리를 높이 평가하는 것도 일맥상통하는 부분이다.

앞 장에서 말한 대로 아베는 Ⅳ 유형의 정치인이기에, 그와의 차이를 강조하기 위해서는 가치관 문제에 적극적으로 나설 필요가 있다. 아베의 보수적인 정치 자세와 달리 다양성에 대한 관용을 강조하는 자세는 높이 평가할 수 있겠지만, 선택적 부부별성 문제나 성 소수자 문제에 대한 소극적인 자세는 이시바의 입장을 파악하기 힘들게 하기에 감점 요소다.

　따라서 이시바에게 있어 향후 중요한 과제는 '가치의 문제에서 명확한 자세를 제시할 수 있는가'가 아닐까 생각한다.

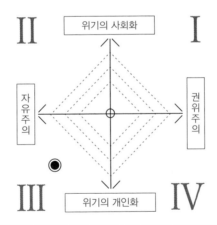

- 가치 문제가 중심 과제가 아니다.
- 당내에서는 상대적으로 자유주의적이나, 잠재적으로는 권위주의
- 신자유주의자

3장

스가 요시히데: 손타쿠忖度[1] 정치와 대중 영합

1 윗사람의 뜻을 미리 헤아려 행동하는 것을 가리키는 표현으로서, 일본 관료들의 특성 중 하나로 여겨진다. 2017년 매스컴에 가장 많이 오르내린 '올해의 유행어'로 선정되기도 했다.

스가 요시히데

중의원 의원. 자민당. 가나가와현神奈川
県 제2구. 8선, 1948년 12월 6일 아키타
현秋田県 출생.

1973년 호세이法政대학 법학부 졸업, 건
전설비주식회사(현 주식회사 게네스ヶ—
ネス) 입사. 1975년 중의원 의원 비서.
1984년 통산성 대신 비서관. 1987년 요
코하마시의회 의원. 1996년 중의원 의
원 첫 당선. 2002년 국토교통성 대신
정무관. 2003년 경제산업성 대신 정무
관. 2006년 총무대신. 2007년 자민당
선거대책 총국장. 2011년 자민당 조직
운동 본부장. 2012년 자민당 간사장 대
행, 내각관방장관, 국가 안전보장강화
담당장관(제2차 아베 내각). 2014년 내각
관방장관, 오키나와기지 부담경감 담당
대신(제3차 아베 내각).

2019년 1월 16일, 총리 관저.

냉철한 포퓰리스트

'웃지 않는 관방장관', '최강 참모', '그림자 총리' 등 다양한 별명을 가진 스가 요시히데. 총리 주도의 '관저官邸 정치'를 이끌며, 아베 내각 운영에 결정적인 영향을 끼치고 있다.

한편 TV 기자회견에서 드러난 그의 고압적인 자세는 지금껏 여러 번 신랄한 비판을 받아왔다. 2018년 말에는 〈도쿄신문〉의 사회부 기자 모치즈키 이소코望月衣塑子를 가리키는 표현으로 보이는 "특정한 기자"가 정례회견에서 "문제 행동"을 일삼았다고 말하며 기자클럽에 "문제의식 공유"를 촉구하는 문서를 보냈다. 이는 '공감'과 '배제'에 해당한다는 이유로, 일본 신문노동조합연합과 일본 저널리스트 회의가 항의 성명을 발표하여 논란이 되었다.

미군의 후텐마 비행장을 나고시 헤노코로 이전하는 작업을 두고 "조용히 추진하겠다"고 거듭 밝힌 것에 대해 오키나와 주민들이 "우리를 깔본다"고 반발하는 일도 있었다. 그러자 "불쾌하게 만들었다면, 써서는 안 되는 표현이었다"고 표명하는 데까지 내몰렸다.

그러나 한편으로는 대중의 욕망에 민감하여, 뒤에서 자세히 설명하겠지만 답례품을 받을 수 있는 '후루사토 납세'[2]나 USJ(유니버설 스튜디오 재팬)와 디즈니랜드의 오키나와 유치, 나아가 NHK 수신료와 휴대전화 요금 인하 등 포퓰리즘적인 정책을 펼치는 것이 특기다. 〈요미우리신문〉 조간에 연재되는 상담 코너인 '인생 안내人生案內'는 반드시 읽으며 시정 동향과 여론에 늘 촉각을 곤두세운다고 한다.

스가 요시히데는 어떤 생각을 지닌 정치인일까? 어떤 비전을 품고 있을까? 스가의 저서(《정치인의 각오: 관료를 움직여라政治家の覚悟—官僚を動かせ》, 2012년, 문예춘추)와 인터뷰, 논고 등을 훑어가면서 그 실상을 살펴보고자 한다.

2　일명 고향세로, 지방자치단체에 자발적으로 기부금을 내고 세금을 감면받는 제도를 말한다.

지역 유지인 부친에게 반발하여

아키타에서 도쿄로 상경하다

우선은 간단히 그의 발자취를 되짚어보자.

젊은 시절의 스가를 이야기할 때 곧잘 언급되는 것이 '자수성가', '갖은 고생'이라는 키워드다. 그는 세습이 아니라, 지방에서 상경하여 몸뚱이 하나로 국회의원이 되었다.

스가는 아키타현 오가치군雄勝郡 아키노미야촌秋ノ宮村에 있는 농사꾼 집안의 장남으로 태어나 비교적 유복한 어린 시절을 보냈다. 스가의 부친은 '아키노미야 딸기'의 브랜드화를 성공시킨 지역 유지였으며, 오가치정의회 의원과 유자와시湯沢市 딸기 생산 집·출하 조합장 등을 역임했다.

스가는 존재감이 큰 부친에게 반발하여 고등학교 졸업 후 가업을 잇지 않고 상경했다. 처음으로 취직한 곳은 도쿄 이타바시구板橋区의 종이상자 공장이었는데, 숙식을 제공받는 조건이었다. '도쿄에만 가면 미래가 열릴 것'이라고 꿈꿨지만, 현실은 냉혹했다. 그는 "이곳에서 인생을 끝마치리라 생각하면 암울한 기분이 들었다"고 말한다(도요다 마사요시豊田正義, 〈근성을 잃은 일본인에게(3) 세습 금지를 꿈꾸는 "반골의 주인공" 중의원 의원 스가 요시히데根性を忘れた日本人へ(3) 世襲禁止を目指す"反骨漢"衆議院議員·菅義偉〉《신초45新潮45》, 2009년 5월 호).

이후 대학에 진학하여 인생을 바꾸고자 다니던 공장을 그만둔다. 쓰키지 시장에서 아르바이트를 하며 당시 학비가 쌌던 호세이대학에 입학한다. 졸업 후 중의원 의원인 오코노기 히코사부로小此木彦三郎의 비서가 되면서 정계에 발을 들인다.

오코노기는 제2차 나카소네 야스히로 내각에서 통산성 대신이 되자, 스가를 비서관으로 발탁하여 순방 등 중요한 일정에 동석시킨다. 스가는 서른여덟 살의 나이에 요코하마시의회 의원 선거에 입후보하여 당선된다. 이때 두각을 드러내 '그림자 시장'이라 불리며 실력자로 올라선다.

1996년에 도입된 첫 소선거구 비례대표제 중의원 선거에서, 가나가와현 제2구로 출마해 당선한다. 오부치파小渕派에 들어갔으나 오코노기의 절친한 벗이었던 가지야마 세이로쿠梶山靜六를 깊이 존경하여, 하시모토 류타로橋本龍太郎 내각의 퇴진 후에 치러진 총선거에서는 오부치 게이조의 대항마였던 가지야마를 응원했다.

그 후 고치카이宏池会[3]에 가입한다. 가토 고이치加藤紘一를 리더로서 따르지만 모리 요시로森喜朗 내각 타도를 목표로 했던 이른바 '가토의 난亂'에서 패배함으로써 고치카이는 분열한다. 이

---

3   자민당 내에서 가장 오래된 파벌로, 중심인물인 기시다 후미오의 이름을 따서 '기시다파'로도 불린다.

어서 반가토 그룹인 호리우치파堀內派에 적을 둔다. 이즈음 북한 문제를 둘러싸고 아베 신조와 뜻을 같이하였고, 이후 행동도 함께하게 된다.

고이즈미 내각 때는 총무성 부대신으로 취임한다. 이때의 총리대신이 다케나카 헤이조竹中平蔵로, 스가는 통신·방송 분야의 개혁에 힘쓴다. 다케나카가 자민당 부회에서 신랄하게 비판받으면 상대를 향해 큰소리로 호통치듯 반론하여 그의 신뢰를 얻기도 했다.

제1차 아베 내각에서는 총무대신으로 발탁되어 NHK 개혁 등에서 과감한 삭감을 밀어붙인다. 유바리夕張의 재정 파탄에도 직면하여 감독관청 장관으로서 대응을 촉구받았다.

그러고 나서 아소 다로麻生太郎에게 신임을 받아 아소 내각 때는 '세습 제한'을 내세운다. 지지율이 떨어지는 가운데 자민당에 대한 기대감을 끌어올리려고 애썼지만, 뜻대로 되지 않았고 2009년 선거에서 민주당에 패하여 정권을 내주었다.

약 3년간의 야당 생활을 거쳐 제2차 아베 내각이 출범하자 관방장관으로 임명되어 현재에 이른다.

인사를 통해 관료에게
'손타쿠'를 시키다

'스가' 하면 뭐니 뭐니 해도 '인사권' 행사를 빼놓을 수 없다. 관료 등의 인사권을 잡음으로써 능숙하게 손타쿠를 유도해내 정치적 성과를 얻으려 한다.

자신의 이러한 특징을 잘 파악하고 있는 스가는 저서에서 다음과 같이 말했다.

> 인사권은 대신에게 부여된 커다란 권한입니다. 어떤 인물을 어떤 자리에 앉힐 것인가. 인사에 따라 대신의 생각과 지향하는 방향이 메시지로서 조직 안팎에 전달됩니다. 효과적으로 사용하면 조직을 다잡아 일체감을 높일 수 있습니다. 특히 관료는 '인사'에 민감하여, 이를 통해 대신의 의사를 날카롭게 파악하지요.
>
> 《정치인의 각오》

여기에서 핵심은 인사야말로 대신의 '메시지'이며 관료는 그 의도를 '날카롭게 파악'한다고 논하는 점이다. 직접적인 메시지를 전달하는 것이 아니라, 인사를 통해 상대가 느끼게 해야만 비로소 권력이 최대 효과를 발휘한다고 인식하는 것이다.

스가는 이 방법을 이용하여 총무성 대신 시절에 NHK 개혁

과 일본우정 경영 등을 지휘했다. 제2차 아베 내각에서는 관방 장관으로 취임하자 가스미가세키霞ヶ関[4]의 간부 인사를 장악하고 '관저 주도' 정치를 확립해나간다. 인사권을 쥐면 사람은 복종한다. 인사권자에게 사람의 흐름이 집중되고 정보가 모인다. 이 권력의 메커니즘을 숙지하고 행사하는 것이 스가의 특징이다. 이는 요코하마시의원 시절에 인사야말로 조직을 장악하는 열쇠라는 사실을 절실히 느낀 경험에서 획득한 '기술'이었다.

2014년 5월 스가가 주도하는 형태로 내각인사국이 설립된다. 이로써 고위 공무원의 인사를 총리 관저가 장악하는 구조가 생겨났고, 스가의 권력은 공고해졌다. 관료는 관저의 의향을 '손타쿠'해서 행동하게 된다. 훗날 드러난 바와 같이, 문서 및 자료를 악의적으로 수정하는 등 관료들의 손타쿠는 아베 내각을 특징 짓는 현상이 되었고 행정에 대한 국민의 신뢰는 곤두박질쳤다.

언론의 자주 규제를 유도하여
비판을 억제하다

스가의 인사는 언론을 좌지우지하는 데도 쓰인다. 총무성 대신 시절인 2007년 미나미 도시유키南俊行 방송정책과장을 억지로 끌

---

4   도쿄 지요다구에 있는 일본 제일의 관청 지구. 중앙 관청이 대거 모여 있기에 일본 정치 지구의 대명사로 쓰인다.

어내리고 3년 후배인 요시다 마비토吉田眞人 전기통신사업 분쟁처리위원회 사무국장 참모관을 그 자리에 앉혔다. 이 인사로 스가는 NHK 개혁의 주도권을 잡고 방송법 개정을 밀어부칠 수 있었다.

당시 NHK는 연달아 불거진 직원의 불상사와 수신료 미지급 문제로 골머리를 앓고 있었다. 이를 해결하기 위해 NHK 경영진은 수신료 지급 의무화를 목표로 총무성에 압력을 행사했다.

이에 반발한 것이 스가였다. 스가는 수신료의 20퍼센트 인하를 요구하며 하시모토 겐이치橋本元一 NHK 회장과 대립한다. 그리고 자신의 의향이 좀처럼 반영되지 않는 데 강한 불만을 드러내며 미나미 과장의 경질 인사를 단행한다.

이즈음 발행된 잡지에는 다음과 같은 기사가 실려 있다.

경질 이유에 관하여 스가는 "NHK 개혁을 가속시키고자 한다"고 설명했다. 에둘러 표현했지만, NHK 개혁이 더디기만 하고 좀처럼 진행되지 않는 것은 총무성 내에 NHK의 대변자가 있어서 개혁에 저항하기 때문이며 그것이 미나미 과장이라고 말하는 듯하다.

(〈"자수성가한 대신" 스가 요시히데 총무대신의 무시무시함: 아베 수상이 가장 신뢰하는 남자たたき上げ大臣 菅義偉総務相の凄み―安倍首相が最も信頼する男〉 《THEMIS》 2007년 4월 호)

여기에서도 스가가 인사를 통해 절묘하게 '손타쿠'를 유도하여 정치적 성과를 얻는 모습을 엿볼 수 있다.

같은 해인 2007년에는 《발굴! 온갖 대사전Ⅱ 発掘！あるある大事典Ⅱ》(후지TV 계열)의 날조 문제가 발각되어 방송이 취소되는 소동이 일어난다. 스가는 이 사태에 능수능란하게 개입하여 문제가 있는 프로그램을 방송하는 데 대한 행정 처분을 강화하는 방송법 개정을 주장한다. 이는 "권력에 의한 언론 통제와 검열로 이어진다", "총무성이 방송 내용에 개입할 수 있게 하는 빌미가 된다"는 등의 비판을 받았으나 스가는 전혀 개의치 않고 개정법안을 중의원에 제출한다. 결국 NHK와 민방련(일본 민간방송연맹)은 BPO(방송윤리·방송향상기구) 안에 강한 권한을 지니는 '방송윤리검증위원회'를 신설하여, 해당 프로그램을 제작한 간사이TV를 민방련에서 제명하는 처분을 내렸다.

그 후 스가는 방송국에 대해 전파이용 요금 인상을 주장하여 언론을 상대로 마운트 포지션mount position[5]을 형성해나간다. 스가는 언론의 반대 캠페인에 대항하기 위해 민영방송국 직원의 급여를 철저히 조사했다고 한다.

---

[5]　격투기에서 상대의 배 위에 올라탄 상태로 절대적 우위를 점한 상황을 비유적으로 표현한 말이다.

나는 이 인상을 주장할 때 각 민영방송국의 급여 등 방송업계의 실정을 조사하여 이론 무장을 했습니다. 40세 평균 연봉이 2,000만 엔인 회사가 여럿이었으며, 하청 업체와의 급여 격차는 실로 네 배에 달했습니다. 아무리 비판을 받더라도 굽힐 생각은 없었습니다.

《정치인의 각오》

방송국 급여가 높은 수준이라는 사실을 세상에 알리고 대중의 감정에 불을 붙임으로써 언론에 대한 권력을 행사하려 한 것이다.

그 밖에도 NHK 회장 인사에 개입하여 아베 총리와 친분이 두터운 후지필름 사장(당시) 고모리 시게타카古森重隆를 경영위원회 위원으로 임명한다. 고모리는 위원들의 호선互選에 의해 위원장으로 선출되었고, 외부에서 회장을 기용하는 발판을 마련한다. 나아가 2008년 3월, NHK 국제방송을 두고 "이익이 대립하는 문제에 대해서는 일본의 국익을 우선해야 한다"고 발언하여 논란이 되었는데, 이 역시 스가의 주장을 받아들인 것이었다. 또한 스가는 총무성 대신 시절에는 북한의 납치 문제를 둘러싸고 NHK에 명령 방송을 지시한 사실이 밝혀지며 화제를 모으기도 했다.

스가는 이러한 경험을 축적함으로써 언론을 좌지우지하는

방법을 확립해간다. 인사와 징벌, 인상과 인하를 통해 통제적 위치를 구축하고, 손타쿠와 자주 규제를 유도함으로써 비판을 억제해나갔다.

그러나 이와 같은 수법은 분위기 파악을 하지 못하는 사람의 난입으로 흐트러진다. 바로 〈도쿄신문〉의 기자 모치즈키를 둘러싼 일련의 소동이다. 정치부가 아니라 사회부 기자인 그가 스가가 쌓아올린 관방장관 회견의 '분위기'를 깨고 비판적인 언급을 시작하자, 스가는 노골적으로 혐오감을 드러내며 압력을 행사하게 된다. 스가가 지닌 정치 수법의 약점이 여기에서 드러났다고 할 수 있으리라.

대중 영합: 가격 인하, 답례품, 리조트 유치

스가가 추진하는 정책은 대중의 욕망에 영합하는 것이 많다. 그 전형적인 예가 바로 '가격 인하'다.

대표적인 성공 사례는 국토교통성 대신 정무관 시절에 관여한 도쿄만 아쿠아라인 ETC[6] 할인 정책이었다. 스가는 이전부터 도쿄만 아쿠아라인의 요금이 매우 비싸다는 사실에 주목하여 3,000엔이었던 통행료를 2,000엔으로 내려야 한다고 주장

6　　전자요금징수Electronic Toll Collection의 준말로, 우리나라의 하이패스에 해당한다.

했다. 그리고 ETC 차량에 한정하여 할인하는 시범기간 실험을 성공으로 이끈다. 요금을 내린 결과, 전체 교통량이 증가하여 ETC 이용률이 높아졌다. 이러한 성과를 바탕으로 ETC 통행료 는 800엔(보통 자동차 기준)으로 조정된다.

이후 이 '가격 인하' 정책은 스가가 가진 비장의 카드로 떠 오른다. 앞서 말한 바와 같이 NHK 개혁을 단행할 때는 요금 인 하를 내걸며 여론을 자기편으로 돌렸다.

나아가 2018년에는 휴대전화 요금의 인하를 주장하여 논 란을 일으켰다. 그는 총무성 대신 시절에 ICT(정보통신기술)의 국가 간 비교를 기반으로 최신 이동통신 서비스가 과도하게 높 은 요금을 징수하고 있는 것은 아닌지 등을 현장조사하며 전기 통신사업법 개정을 향한 발판을 마련하였다.

스가는 현대 사회에서 통신비가 서민층의 가계를 압박한다 는 점에 주목하여 "대기업의 휴대전화 요금은 지금보다 40퍼센 트 정도 인하할 여지가 있다"고 주장했다. 스가가 주목한 것은 국제사회와의 비교다. 일본의 통신요금은 세계적으로 보면 가 장 높은 수준이며, 전 세계의 휴대전화 요금이 하락 추세를 보 이는데도 홀로 떨어지지 않고 있다는 것이다.

그 원인은 어디에 있는가. 스가가 볼 때는 통신업계가 대형 3사[7]의 과점 상태에 빠진 데 있다. 심지어 이들 업체는 휴대전화 단말기를 판매하는 대리점의 역할도 담당하므로 '단말기 비용'과 '통신비'를 구별하기 어려운 계약 시스템이 일반화되어 있다. 따라서 이용자는 지나치게 세세하고 복잡한 항목에 질려서 무엇에 얼마나 지불하는지 파악하지 못한다는 불만을 갖게 된다.

스가는 대기업 과점 상태를 해소하고 경쟁 원리를 작동시킴으로써 '선택의 자유'를 보장해야 한다고 주장한다. 그러기 위해 환경을 정치적으로 정비함으로써 복잡한 계약을 해소하고 요금 인하를 실현하려 했다(스가 요시히데, 〈휴대전화 요금은 반드시 40퍼센트 인하한다携帯通信通話料金は絶対に四割下げる〉《문예춘추》, 2018년 12월 호).

그 밖에도 스가가 주도한 정책으로는 총무성 대신 시절에 '후루사토 납세'를 도입한 것이 유명한데, 이 또한 답례품 제도를 끌어 들임에 따라 단숨에 포퓰리즘 요소가 더해졌다. 도시에 집중된 부를 지방에 분산시키는 정책이라는 명목은 무색해졌고, 바야흐로 기부라는 형식을 이용한 상품 구입이라는 인식이 확산되었다. 게다가 이 제도로 이익을 얻는 것은 대부분 도시의 부유층이다.

7　　NTT 도코모와 KDDI, 소프트뱅크를 말한다.

오키나와 현민이 미 해병대의 후텐마 기지를 나고시 헤노코로 이전하는 계획에 반대했을 때는 USJ와 디즈니랜드, 카지노 등 대형 리조트 시설 유치에 나서며 여론을 뒤흔들었다. 이 또한 포퓰리즘적 특징을 지니는 일련의 정책이라 할 수 있을 것이다.

자기 책임을 기조로 하는 '작은 정부', 하시모토 도루와 영합

이러한 '가격 인하' 정책 등에는 대중 영합이라는 측면과 함께 기득권익[8] 해체라는 구조개혁 의지가 반영되어 있다.

스가가 내세우는 정책은 기본적으로 '자조'를 기조로 하는 '작은 정부' 노선에 기반한다. 민주당 정권 시절에는 자민당의 입장을 명확히 하기 위해 '작은 중앙정부'를 지향해야 한다고 강조했고, 나아가 "역사, 전통, 문화, 지역을 소중히 하며 자긍심을 가질 수 있는 교육 방침을 내세워야 한다"고 주장하며 다음과 같이 말했다.

아베 내각 때부터 고이즈미 개혁의 궤도를 수정하는 움직임이 나왔

---

8   국가나 조직 등의 사회적 집단이나 특정 개인이 과거의 경위나 관습, 법적 근거에 따라 취득·유지한 이익을 수반하는 권리.

고, 후쿠다 내각이 출범하자 "반대로 하자"는 분위기가 형성되었습니다. 그즈음부터 틀어진 것이 아닌가 싶습니다. 우리는 '개혁'을 내걸고 의석을 얻었으니 당으로서 금과옥조와 같이 추진해야 했습니다. (스가 요시히데, 다하라 소이치로田原総一朗 〈연속 인터뷰: 자민당이라면 이 위기를 어떻게 타개할까? - 실업자 감소는 "성장" 없이는 실현되지 않는다連続インタビュー: 自民党ならこの危機をどう救う？—失業者減は『成長』なくして実現しない〉 《Voice》 2010년 2월 호)

스가는 고이즈미 구조개혁을 단연코 계속해야 한다는 입장을 취해왔다. 규제완화를 철저히 함으로써 새로운 산업을 일으킨다는 비전은 대신 취임 이전부터의 지론이었다(〈상처 입은 사자에게 간언하다: 자민당 젊은이 좌담회手負いの獅子に諫言する—自民党若手座談会〉《문예춘추》 2002년 4월 호).

국가전략 특구를 설치하여 농협 개혁에 따른 자유 경쟁을 추진한다. 법인세를 인하하여 대기업의 국제 경쟁력을 높인다.

한편 정부 측도 행정 개혁에 따른 슬림화와 효율화를 꾀하며, 관저가 주도하는 속도감 있는 정책을 실현한다. 지방 분권을 추진하여 지방자치단체에 경쟁 원리를 도입함으로써 자조 노력을 촉구한다. 공무원 인건비는 삭감하고 수장의 고액 퇴직금에도 메스를 댄다.

이러한 정책은 오사카부 지사이자 오사카 시장을 역임한 하시모토 도루와 호응하여 때로는 자민당 오사카부 지부연합大阪府支部連合会과의 알력을 생성하면서 '오사카도都 구상'의 지원책으로 움직였다.

정책의 우선순위는 가치보다 비용 문제

한편 '가치 문제'에 관한 입장에서는 기본적으로 '권위주의'의 자세를 취한다고 할 수 있다.

스가는 2000년 7월 《월간 민주주의月刊民主主義》에 〈정책 제언: 요코하마와 쇼난의 국기·국가 문제政策提言 横浜と湘南の国旗国歌問題〉라는 논고를 게재하여 국기와 국가를 중시하는 자세를 교육해야 한다고 주장했다. 여기에는 국기 게양과 국가 제창에 협력적인 학교가 많은 지역은 자민당이 강세고, 역으로 그것에 따르지 않는 학교가 많은 곳은 노동조합이 강세라는 인식이 깔려 있다.[9] 여기서 국가 방침에 순종하지 않고 기득권익화한 노동조합을 적대시하는 스가의 입장을 읽을 수 있다.

애당초 아베와 가까워진 계기는 북한의 납치 문제였다. 스

---

[9] 일본은 1999년 히노마루와 기미가요를 각각 국기와 국가로 제정했는데, 이는 제국주의를 상징하는 잔재인 탓에 학교 내에서의 게양과 제창을 두고 여전히 논란이 진행 중이다.

가는 2002년에 만경봉호 입항 금지를 위해 항만법 개정을 촉구했는데, 이에 주목한 것이 고이즈미 내각의 관방 부장관이었던 아베였다. 아베는 "전면적으로 협력하고자 한다"고 말하며 스가와 손잡는다. 이때 스가는 국가관을 명확히 내세우는 아베의 자세에 매력을 느꼈고 '이런 사람을 언젠가 총리로 세우고 싶다'고 생각했다고 한다(〈스페셜 인터뷰 스가 관방장관: "오른손이 일하는 기술" 소비세, 올림픽… 총리를 지탱한 "관저 300일"『右腕の仕事術』消費税、オリンピック… 総理を支えた『官邸の300日』〉《프레지던트》2013년 11월 18일 호).

스가는 '일본의 앞날과 역사 교육을 생각하는 젊은 의원의 모임'에 가입하고 우파적인 역사 인식을 지니는 의원과의 관계를 돈독히 해나간다.

다만 스가가 '우파 이데올로기의 실현을 최우선으로 생각하는 정치인인가' 하는 질문에는 물음표가 붙는다. 스가는 다음과 같이 말했다.

솔직히 말하자면 국가관이라는 것이, 제게는 그다지 없었습니다. (웃음) 아베 총리의 이야기를 듣고 대단하다고 생각했죠. 아베 총리가 관방 부장관일 때의 일입니다.

(〈미지근한 일본을 대개혁하다: 아베 정권의 우두머리 스가 요시히데 관

방장관ぬるま湯ニッポンを大改革する 安倍政権の大番頭 菅義偉官房長官》《선데이 마이니
치》2014년 1월 5일~12일 호)

스가는 뼛속부터 우파는 아니다. 가령 아베가 야스쿠니 신
사를 참배할 때는 지지율 하락이나 미일 관계 악화를 우려해
이에 반대했다고 한다(마쓰다 겐야松田賢弥, 《숨은 권력자: 내각 관방장
관 스가 요시히데影の権力者 内閣官房長官菅義偉》, 2016년, 고단샤).

스가는 사분면에서 어디에 위치한 정치인일까?

지금껏 살펴본 바와 같이, '위기의 개인화'와 '권위주의'에
해당하는 Ⅳ에 위치하는 정치인이라 할 수 있겠다. 다만 정책의
우선순위는 가로축인 가치 문제보다도 세로축인 비용 문제에
치중해 있다. 같은 Ⅳ 유형인 아베와는 기본 노선을 공유하면서
도 중시하는 정책의 방향이 다른 것이다.

스가는 인사를 통한 권력 장악을 능수능란하게 이용하며
'자주 규제'와 '손타쿠'에 따라 기득권 타파의 구조개혁을 추진
하는 정치인이다. 2000년대 고이즈미-다케나카 노선을 계승한
다고 할 수 있다.

그가 '공조共助'보다 '자조'를 강조하는 자세에는 '나는 산전
수전 다 겪으며 맨몸뚱이 하나로, 내 힘으로 올라왔다'는 자부
심이 있기 때문이리라. 한때 의원 세습제에 대해 맹렬히 비판한

배경에도 이러한 사고방식이 깃들어 있다고 본다.

그러나 이 사고방식이 '사회적 약자는 공조公助에 기대고 있다'는 인식으로 이어진다면 역시 문제가 있다. 대중의 욕망에 민감하면서도 진정한 고통을 헤아릴 수 없다면 대중 정치인으로서 문제가 있다고 할 수밖에 없으리라.

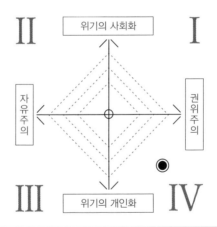

- 권위주의지만 뼛속부터 우파는 아니다
- 정책의 우선순위는 가치보다 비용
- 기득권 타파의 구조개혁, 고이즈미 – 다케나카 노선 승계

4장

노다 세이코 : 다양성과 포용

노다 세이코

중의원 의원. 자민당. 기후현岐阜県 제1구. 9선. 1960년 9월 3일 후쿠오카현福岡県 기타큐슈시北九州市 출생.

1983년 조치上智대학 외국어학부 비교문화학과 졸업 후 데이코쿠帝国호텔 입사. 1987년 기후현의회 의원. 1993년 중의원 의원 첫 당선. 1996년 우정정무차관. 1998년 우정성 대신(오부치 내각. 사상 최연소). 1999년 자민당 국회대책 부위원장. 2001년 자민당 정조 부회장(총무 담당). 2006년 자민당 복당. 2008년 과학기술·식품안전·소비자행정 담당 대신(후쿠다 개조 내각). 2012년 자민당 총무회장. 2016년 중의원 재해대책 특별위원장. 2017년 총무성 대신(제3차 아베 제3차 개조 내각). 2017년 총무성 대신·남녀공동참획[1]·마이넘버제도 담당 (제4차 아베 내각). 2018년 중의원 예산위원장.

2018년 9월 5일, 총무성 대신 시절.

---

1   '남녀평등'을 뜻하는 용어이나, 해당 국가의 법률명이기에 한자 그대로 옮겼다.

남성 중심 사회에 대한 분개

노다 세이코는 아베 정권 아래에서 자민당 총재 선거에 나서고
자 하였으나 추천인 스무 명을 모으지 못해 2015년과 2018년,
두 차례에 걸쳐 단념해야 했다.

2018년 10월 2일에는 총무성 대신에서 물러났다. 기자회
견에서는 "내각에 나 같은 시누이가 없어져도 부디 쓴소리하는
사람에게 귀를 기울여서 국민을 위해 존재하는 자민당이라는
생각을 잊지 말기 바란다"고 말했다.

아베와 마찬가지로 1993년 중의원 선거에서 정계에 진출
하여 현재 9선. 첫 당선 때부터 "총리대신을 목표로 하고 있다"고
공언해온 만큼 총재 선거 출마에 강한 의지를 드러냈다. 그러나

좀처럼 목표를 이루지 못하는 가운데, 자신을 '시누이'로 자리 매김하며 아베 내각과 견해를 달리하는 장면이 곧잘 보인다.

노다는 도대체 어떠한 신념을 가지고 정치 활동을 하는 것일까? 어떤 점에서 아베 내각과 어긋난 것일까?

노다는 많은 저서를 출간했는데, 주요 저서만 해도(공저 포함) 아홉 권을 들 수 있다. 그는 정치 인생의 고비에서 자신의 행동을 돌아보는 저서를 출간했으며, 그 과정에서 자신의 정책을 제안하곤 했다.

①《아이 엠 세잉アイアム聖イング》

　1987년, 가이에쓰출판사海越出版社

②《개혁이라는 미명 아래改革という美名の下で》

　1994년, 가이에쓰출판사

③《국민 여러분께 전하고 싶은 것: 진심으로 이야기하는 정치학
国民のみなさまにお伝えしたいこと─ホンネで語る政治学》

　1996년, PHP연구소

④《나는, 낳고 싶다私は、産みたい》

　2004년, 신초샤

⑤《누가 미래를 빼앗는가: 저출산과 싸우다だれが未来を奪うのか－少
子化と闘う》

2005년, 고단샤

⑥《서투름不器用》

2007년, 아사히신문사

⑦《이 나라에서 아이를 낳는다는 것この国で産むということ》

네쓰 야히로根津八紘와 공저, 2011년, 포푸라샤ポプラ社

⑧《태어난 생명에게 고맙다生まれた命にありがとう》

2011년, 신초샤

⑨《미래를, 붙잡아라: 다양한 모두가 활약하는 시대로みらいを、つか

め－多様なみんなが活躍する時代に》

2018년, CCC미디어하우스

《아이 엠 세잉》,《개혁이라는 미명 아래》,《국민 여러분께 전하고 싶은 것: 진심으로 이야기하는 정치학》은 정계에 입문한 지 얼마 지나지 않았을 무렵에 쓴 저서로 당시 가졌던 솔직한 의문과 거부감을 그리고 있다. 그는 정계에 발을 들이자마자 여성 의원에 대한 차별과 마주했는데, 시간이 지나도 여전히 '마돈나 의원'이라 불리는 것에 다음과 같이 불편한 심기를 드러냈다.

정치 능력이 없는 아마추어임에도 여성이라는 이유로 당선된 국회의원. 어차피 '부엌 감각'을 넘지 못하고, 붐을 타지 않으면 정계에 등장할 일도 없었을 여성 의원. 마돈나 의원이라는 호칭에 이러한 모욕적인 의미가 담겼다는 사실을 누구나 알고 있다.

여성 의원을 이처럼 비하하는 호칭으로 부르고 싶어 하는 것은 오로지 남성이며, 이를 즐겨 사용하는 여성을 본 적은 없다. '여자라는 이유로 편하게 정계에 입문했다'는 남성들의 다분히 비뚤어진 시선과 한결 전통적인 일본 남성의 여성 모욕이 포함된 호칭이라고 생각한다.

《개혁이라는 미명 아래》

남성 중심 사회에 대한 분개가 오늘날까지 노다의 정치 인생을 지탱했다고 해도 과언이 아니다. 그는 '마돈나 의원'이라는 딱지를 불식하고자, 정책 면에서 노력하고 또 노력한다. 그리고 정치인으로서 일찍이 관심을 보인 '정보통신' 분야에서 두각을 드러낸다. 제2차 하시모토 류타로 내각 당시 우정정무차관으로 취임하자 ICT(정보통신기술) 정책 마련에 나섰고, 국제적인 경험을 쌓았다. 훗날 "나는 PC를 쓸 줄 아는 국회의원 중에서 선구자 중 한 사람이라고 생각한다"고 회상한다(《미래를, 붙잡아라》).

그리고 1998년 오부치 내각 때 우정성 대신으로 발탁된다.

당시 만 37세의 나이에 최연소 각료로 취임하며 많은 화제를 모았다.

불임 치료가 계기가 되다

그러나 대신직에서 물러난 후, 젊은 나이에 출세한 것에 따른 정치인으로서의 '갱년기'가 찾아왔다고 한다(《서투름》). 의원 대부분은 대신을 목표로 하는데, 노다는 이를 삼십 대 후반에 이루었다. 따라서 '다음엔 어쩌지', '이대로 괜찮을까' 하는 공백감을 느꼈다고 한다(같은 책).

그럴 때 만난 사람이 바로 자민당의 쓰루호 요스케鶴保庸介 참의원 의원이었다. 노다는 눈 깜짝할 사이에 결혼을 결정했고 신혼 생활이 시작된다. 그는 아이를 원했으나 좀처럼 임신이 되지 않았고, 마흔을 넘겨 불임 치료를 받는다. 그때 경험한 고단한 과정을 써 내려간 책이 《나는, 낳고 싶다》다. 이 책은 명작이다. 불임 치료의 고뇌와 갈등, 아픔이 구체적으로 그려졌으며 또한 유산했을 때의 고통도 적나라하게 담겨 있다.

노다는 이런 경험을 바탕으로 인구 문제·저출산 대책에 본격적으로 임한다. 그 성과를 바탕으로 한 책이 《누가 미래를 빼앗는가: 저출산과 싸우다》로, 저출산 대책의 바람직한 방향을 논하는 동시에 문제의 본질을 이해하지 못하는 자민당 남성 의원들에 대한 분개를 드러냈다.

그런 노다에게 고난이 닥친다. 고이즈미 총리가 우정 민영화 법안 부결에 반발하며 중의원을 해산(이른바 '우정 해산')한 것이다. 우정 민영화 법안에 반대한 노다는 자민당의 공천을 받지 못했고, 자민당은 그의 낙선을 꾀하며 '자객' 공천을 하기도 했다. 그래도 어떻게든 당선되어 2006년 제1차 아베 내각 때 자민당으로 복당한다.

그 후 쓰루호 의원과 이혼한다. 그 과정도 《서투름》에 잘 그려져 있다.

2009년의 정권 교체 선거에서는 선거구에 출마해 낙선하지만, 비례 부활을 통해 의석을 사수한다. 이때 야당 의원이 된 노다는 새로운 배우자와 함께 임신, 출산에 재도전한다. 그러나 고령이었기에 자신의 난자를 사용한 체외수정이 어려웠고 난자를 제공받기로 한다. 2010년 5월, 미국에서 난자를 제공받아 체외수정을 실시해 임신한다. 2011년 1월에 중병을 지닌 아들이 태어났다. 이 과정은 《태어난 생명에게 고맙다》에 잘 그려져 있다.

자민당의 정권 복귀 후, 노다는 본격적으로 총재 선거를 위한 준비에 들어간다. 2018년 총재 선거를 앞두고, 자신의 정책을 정리한 《미래를, 붙잡아라》를 출간하며 체제를 정비했지만 입후보에 실패한다.

노다의 인생을 알기 위해서는《나는, 낳고 싶다》,《서투름》, 《태어난 생명에게 고맙다》를 읽을 필요가 있다. 그가 무엇보다도 가장 많은 힘을 쏟는 인구 문제·저출산 대책에 관해서는 《누가 미래를 빼앗는가》,《이 나라에서 아이를 낳는다는 것》을, 현재 밀어붙이는 정책의 개요를 알기 위해서는《미래를, 붙잡아라》를 추천한다.

아이를 낳고 키우기 쉬운 환경을 정비해야

노다는 정치인으로서 필생의 과업을 '저출산 대책'에 두고 있다. 그는 저출산·인구 감소를 '조용한 큰일靜かなる有事'로 간주하고, 초고령사회라는 현실을 직시해야 한다고 주장한다(《미래를, 붙잡아라》).

노다의 일관된 주장은 아이를 낳고 키우기 쉬운 환경을 정비해야 한다는 것으로, 특히 "여성이 취직하기 쉬운 사회적 조건 정비가 잘 된 나라에서는 아이도 낳기 쉽다"는 점을 강조한다 (《이 나라에서 아이를 낳는다는 것》). 좌우간 "아이를 낳고 싶은 사람을 위해 저해 요인을 없애는 것"이 중요하다고 거듭 말한다.

노다가 직면한 벽은 남성 의원들의 편견과 오해였다. 그들은 "아이들이 줄어드는 건 곤란하다. 그러니 여성들이 더욱 많이 아이를 낳아야 한다. 가정으로 돌아가 육아에 전념하게 하자"고 말한다. 그들의 속마음은 '출산율이 떨어진 것은 여자가 섣불리 학력을 쌓고 바깥에서 일하기 시작해서 가정을 돌보지 않게 된 탓이다. 조금쯤은 사회도 생각하라'는 것이었다(같은 책).

노다는 이 의견에 전적으로 반박한다. 여성이 사회에 진출했기에 아이를 낳지 않는 것이 아니다. 전 세계의 데이터를 보면 일하는 여성이 더 많은 아이를 낳는다. "선진국에서는 출산·육아기, 즉 25~35세의 여성 노동률이 높은 나라일수록 출산율도 높다"는 것이다. 그러니 여성의 취직 환경을 정비하는 것이 중요하다. 저출산은 결코 "여성의 이기심" 따위가 아니라고 강하게 주장한다(같은 책).

노다는 구체적으로 아이가 만 2세가 될 때까지는 부모에게 육아휴직을 제공하는 시스템을 확립하자고 제안한다(《미래를, 붙잡아라》). 그리고 육아휴직 중에는 100퍼센트 유급을 보장하며(《이 나라에서 아이를 낳는다는 것》), 나아가 2세부터는 전원 입학 교육을 확립해야 한다고 주장한다(《미래를, 붙잡아라》).

중요 과제인 대기 아동의 해소, 보육의 질 개선, 보육사 확보·처우 개선 등을 추진함과 동시에 2세 아동부터 전원이 보육원이나 유치원 등에 통원할 수 있는 제도를 서둘러 실현해야 한다고 생각합니다.

(중략) 또한 2세가 될 때까지의 기간에는 상응하는 소득 보장을 받으면서 부모가 모두 합쳐 2년은 육아휴직을 받을 수 있도록 하며, 한부모 가정이라도 육아에 지장이 없도록 하는 시스템을 도입해야 한다고 생각합니다.

《미래를, 붙잡아라》

또한 '워·라·밸(일과 삶의 균형)'의 재정비를 중요한 과제로 삼고 있다. 특히 "1950~60년대 고도성장기 시절의 노동 관행에서 탈피해야 한다"고 강력하게 호소한다. 24시간, 가정을 돌보지 않고 일하는 것이 미덕이던 사회는 무언가 잘못되었다. 자녀와 보내는 시간을 충분히 확보하여 아이가 아프거나 학교에 행사가 있을 때 대응할 수 있는 상태를 만드는 것이 중요하다고 주장한다(《이 나라에서 아이를 낳는다는 것》).

이를 실현하기 위해서는 남성의 육아 참여·의식 개혁이 필요하다.

우리 사회는 가정에 아버지가 없는 상태를 오랫동안 용인해왔습니다. 결혼해도 여성 대부분은 마치 싱글 맘 같은 처지에서 육아에 전념해왔습니다. 이 문제야말로 일본만이 갖는, 전 세계에서 유례를 볼 수 없는 특수한 인구 감소의 뿌리라고 저는 생각합니다.

저출산 대책의 궁극적 목표는 일본의 아버지를 가정으로 돌려주는 것이라고 저는 생각합니다.

《이 나라에서 아이를 낳는다는 것》

또한 아이를 낳고 키우기 위해서는 돈이 필요하다. 따라서 노다는 젊은이의 고용 정책을 추진하는 것도 저출산 대책의 중요한 과제라고 말한다.

나아가 배우자 세제稅制를 "남성 중심 사회였던 시절에 만들어진 제도"라고 말하며, 조기 개정을 주장한다.

일하고자 하는 여성의 의욕을 억제하는 방향으로 작용하는 이들 제도는 가능한 한 빨리 바꿔야 합니다. 기업의 배우자 수당도 자녀와 가족을 대상으로 하는 수당 등으로 바꾸는 것이 바람직합니다.

《미래를, 붙잡아라》

가족 형태의 다양성을 용인하는 사회

불임 치료에 따른 체외수정 그리고 난자 제공을 통한 임신을 경험한 노다는 출산에 대한 다양성을 존중하자고 호소한다.

아이를 낳고 싶지만 좀처럼 임신이 되지 않는다. 불임 치료를 시작했는데 좀처럼 결과가 나오지 않는다. 친구에게도 털어

놓기 힘들다. 보험이 적용되지 않아서 돈도 많이 든다. 수많은 사람이 그런 고통 가운데 놓여 있다.

노다는 자신의 경험을 바탕으로 다음과 같이 말한다.

결혼하면 자연스럽게 임신하고 출산하는 법이라는 세간의 풍조 속에서 아무에게도 털어놓지 못하고, 혹은 숨기듯 치료하면서 육체적·정신적 그리고 금전적으로 고통받는 분들이 많이 계십니다. 한편, 저는 국민의 소리 없는 목소리를 귀담아들어야 하는 국회의원입니다. 그렇다면 불임을 둘러싼 사회적·경제적·법적 문제에 앞장서서 정치의 장에서 해결해나가야 합니다. 불손한 표현일지도 모르겠으나, 저에게는 불임으로 고민하는 분들의 고통을 대변할 의무가 있다고 생각합니다.

《이 나라에서 아이를 낳는다는 것》

노다는 우선 불임 치료의 보험 적용과 관련해 목소리를 높인다. 불임 치료에는 고액의 비용이 든다. 체외수정이나 난자세포질 내 정자 주입술에 관해서는 '특정 불임 치료비 조성사업'이 실시되고 있으나, 그것도 치료 횟수나 금액 상한이 설정된 탓에 충분하지 않다. '언 발에 오줌 누기' 상태인 셈이다. 정해진 횟수를 넘어서 치료를 계속하면 아무래도 경제적 부담이 커진다. 심지어 상당히 큰 금액이다. 이대로라면 경제적으로 여유 있는 사람만이 불임 치료를 받을 수 있게 된다. 노다는 호소한다.

> 그 무엇보다도 아이를 원하지만 돈이 없어서 치료받을 수 없는 47만 쌍의 목소리를 들었으면 합니다. 아이를 원하지만 생기지 않아서 낳을 수 없는 '사적인' 상황이 저출산이라는, 국가의 근간을 뒤흔드는 심각한 문제로 이어지는 데 관심을 가졌으면 합니다. 불임 치료에 관한 보험 적용은 더욱 적극적으로 검토되어야 한다고 저는 생각합니다.
>
> (같은 책)

노다는 대리 출산, 난자 제공에 대해서도 사회의 넓은 이해가 필요하다고 주문한다. 우선은 실체를 알아야 한다. 그런 후 출산의 다양성을 용인해나가야 한다. 사회 전체가 지지해야 한다. 제도 정비를 추진해나가야 한다. 법 정비도 추진해야 한다. 이것이 난자 제공을 통한 출산을 경험한 노다의 절실한 호소다.

노다는 자신의 경험을 바탕으로 입양에 관한 제도·법 정비 추진을 역설한다. 이를 통해 다양한 가족 형태를 용인하는 사회가 되는 것을 목표로 한다.

나아가 전문 국가기구를 설치하여 본격적으로 저출산 문제에 대비하는 자세가 필요하다고 말한다. 더불어 개호 보험처럼 성인이 된 모든 국민이 가입하는 '자녀 보험'을 실현하여 독자적이고 안정된 재원 확보에 나서야 한다고 주장한다.

노다의 슬로건은 '다양성diversity'과 '포용inclusion'이라는 개념으로 귀결된다(《미래를, 붙잡아라》). 특히 사회에서 배제되기 쉬운 여성·고령자·장애인을 '포용'하여 그들이 제대로 능력을 발휘할 수 있는 공정한 사회를 만드는 것을 목표로 내세운다. 그리고 그 사고방식은 UN이 장려하는 'SDGs(지속 가능한 개발 목표)'와도 연동하는 정책으로서 자리매김한 후, 국제사회와의 연계도 모색한다.

아베노믹스·신자유주의 비판

한편, 노다의 경제 정책은 어떨까?

우선 아베노믹스에 비판적이다. 물론 고용은 개선되었고 '디플레이션이 아닌 상황'은 되었으나, 노동 분배율이 떨어지고 기업의 이익이 노동자에게 환원되는 낙수효과는 일어나지 않았다고 간주한다(같은 책). 다른 차원의 금융 완화는 이미 한계에 달했고 마이너스 금리가 지방 은행 등의 수익을 압박하기 시작했다. 국민들로서는 경기 회복을 체감하지도 못하고 있으며 또한 미래에 대한 고민이나 불안도 해소되지 않았다(같은 책).

　노다는 앞으로도 아베노믹스에 따른 낙수효과는 일어나지 않는다고 주장한다. 그리고 '기업발 낙수효과형 모델'에서 '인재발, 지방발 수계형 모델'로 전환해야 한다고 말한다.

　수많은 작은 샘물이 모여서 시냇물이 되고 이윽고 큰 강을 이루듯, 국민 한 사람 한 사람 그리고 각 지방이 힘을 발휘하여 일본 전체에 활기를 불어넣는, '기업발 낙수효과형 모델'과는 반대인 '인재발, 지방발 수계형 모델'을 지향해야 한다고 생각합니다.

　(같은 책)

　더욱이 2040년을 목표로 '안정적이고, 다정하며, 지속 가능한 나라'로 전환해야 한다고 역설한다. 그러기 위해서는 무엇을 해야 하는가.

　'미래에 대한 투자'다. 저출산 대책, 교육 및 인재 투자, 연구 개발 투자를 추진하여 자녀와 손주에게 유산을 남김으로써 지속 가능성을 추구하는 비전을 제시하고 있다.

　앞서 말했듯, 노다는 고이즈미 내각 때 우정 민영화에 반대하여 미운털이 박힌 탓에 자민당의 자객 공천을 받기도 했다. 노다는 "시장 만능주의적 사고방식으로 정町이나 촌村[2]의 지극히 중요한 인프라인 우체국을 억지로 민영화하려는 법안은 납득할 수 없어서 반대표를 던졌습니다"라고 말했다(같은 책). 고이즈미 내각이 추진한 '관에서 민으로'라는 신자유주의 노선에 대해서는 비판적인 입장을 취한 것이다.

노다는 때때로 증세의 필요성을 호소한다. 그중에서도 소비세 증세에 적극적이다. 재정 건전화에도 긍정적이며 소비세뿐 아니라 부유층에 대한 자산 과세 형태를 검토해야 한다고 주장한다(같은 책). 나아가 국채에 기대는 것은 민주주의의 위기로 이어진다고 말한다. 국민이 지나치게 국채에 의존하게 되면 '어떻게든 되겠지' 하는 심정이 되어 민주주의가 기능하지 않게 된다고 논하고 있다(같은 책).

선택적 부부 별성이라는 염원,
성 소수자·성추행 대책

노다는 십 년도 더 전부터 "제가 하고 싶은 것은 부부 별성을 시작으로 한 민법 개정이라는 장대한 일"이라고 말해왔다(《서투름》).

어떤 상대와 인생을 함께할 것인가. 같은 성으로 묶여도 좋고, 다른

---

2   우리나라의 읍, 면에 해당하는 일본의 기초자치단체.

성이어도 좋습니다. 그런 일은 국민에게 맡겨야 합니다. 그것이 성숙한 국가에 걸맞은 방식 아닐까요?

(같은 책)

노다가 겨냥하는 바는 선택적 부부 별성을 도입하는 일에 그치지 않는다. 민법을 개정하여 '결혼의 규제완화'를 실현하는 것을 목표로 한다(《이 나라에서 아이를 낳는다는 것》). 결혼과 부부, 부모와 자녀 등 가족의 형태에 관한 규정을 유연하게 하여 다양한 가족 관계를 인정하고 법적인 지위를 부여하는 것이 중요하다고 지적한다.

노다는 자민당의 스기타 미오 의원이 동성 커플을 두고 "아이를 낳지 않는다, 즉 '생산성이 없다'"고 발언한 것에 대해, "의견이기 이전에 차별과 편견의 일종이 아닐까 하는 우려가 있다. 생산성이라는 단어가 적절한 말인가, 아닌가. 나는 적절하다고 생각하지 않는다"고 말했다. 그리고 성 소수자 대책이 자민당 총재 선거의 주제가 되리라는 견해를 제시했다. 그러나 노다는 입후보하지 못했고, 이 부분은 아베와 이시바 두 후보의 논전에서는 거의 논점으로 다루어지지 않았다.

노다는 지금껏 거듭해서 심한 성추행을 경험했다고 고백한다. 가령 낙선 중이던 젊은 시절에는 선거구에서 누군가 갑자기

가슴을 만지거나 "팬티 보여주면 한 표 줄게"라는 말을 하는 등 심한 일을 많이 당했다고 밝힌다. 그러나 그럼에도 눈물이 그렁그렁한 눈으로 "아, 잘 부탁드립니다"라고 답할 수밖에 없었기에 "매일 으악, 하고 소리치고 싶은 일의 연속이었다"고 회고한다(《서투름》).

따라서 재무성의 후쿠다 준이치福田淳一 전 사무차관의 성추행 문제(2018년 4월)가 불거졌을 때는 각료이면서도 엄격한 견해를 피력하며 성추행에 대한 처벌을 포함한 법 규제에 관해 "필요하다면 검토하면 된다"고 말했다. 최근 출간한 저서에서도 성추행 방지에 관해 "필요하다고 판단되는 경우에는 법 정비를 검토해야 한다"고 언급했다(《미래를, 붙잡아라》).

약점과 과제

노다는 사분면 어디에 위치하는 정치인일까? 그가 제시하는 정책을 종합하면 Ⅱ에 속하는 정치인이라는 경향이 보인다.

신자유주의를 비판하고, 저출산 대책을 위해 재분배 정책을 밀어붙이는 자세는 '위기의 사회화'를 지향한다고 할 수 있으리라. 또한 선택적 부부 별성의 추진 등 다양성을 강하게 존중하는 자세는 '자유주의'적이라 할 수 있다.

아베가 Ⅳ 유형의 정치인이라는 점을 상기하면 노다가 스스로 아베 내각의 '시누이'라고 자리매김한 의미가 확실히 보인다. 노다가 내세우는 비전을 아베 내각에서 실현하기란 매우 어렵다는 사실을 알 수 있다.

반대로 아베(또는 그 주변)가 노다의 총재 선거 출마를 싫어한 이유도 알 수 있다. 노다가 출마하면 정책이나 비전의 대립점이 선명해져서 아베 내각의 방향성이 신랄하게 추궁당하는 장면이 많아지리라 예상한 것이다. 그런 점에서 이시바는 '위기의 개인화'를 주장하는 인물이므로 재분배 정책을 둘러싸고는 대동소이하며, 가치관의 문제에서도 선택적 부부 별성이나 성소수자 문제에 적극적이지 않기에 논쟁이 벌어지기 어렵다는 측면이 있었다. 노다가 총재 선거에 출마했더라면 자민당 내의 다양성이 가시화되어 정책 논쟁도 활발해졌을 테니, 국민들로서는 중요한 기회를 놓친 셈이다.

한편, 노다에게는 확실한 약점이 있다.

바로 헌법 문제다. 《미래를, 붙잡아라》에서 헌법 개정 문제에 대해 약간 언급하기는 했으나, 논쟁으로 끌고 갈 만한 수준의 내용은 아니다. 명백히 공부가 부족하다.

외교·안보 문제에 대해서도, 미일 관계의 중요성을 강조하지만 시종일관 너무도 미덥지 않은 기술에 그치고 있다. 오키나와 문제에 대해서도 기지 이전이나 미일 지위 협정을 두고는 어물쩍 넘기는 모습이다. 나아가 동아시아 각국과 연관된 역사 인식 문제에 대한 기술은 전혀 없다.

즉 아베 내각이 집착하는 우파적 정책에 대해서도 그 대안을 가지고 있지 않다는 명확한 약점이 있다. 이대로라면 총리 총재를 목표로 하는 리더로서는 미덥지 않다. 아베 내각과는 다른 선택지를 종합적으로 제시하는 수준에는 이르지 못한다.

또한 에너지 문제에 관해서도 '재생 에너지의 확대'는 언급했지만, 원전에 관해서는 명확한 비전이 없고 모호한 기술로 일관하고 있다.

TPP에 관해서는 반대파 입장이었으나, 《미래를, 붙잡아라》에 "TPP나 EU와의 경제연계협정을 살리기 위해서라도 식품안전 국제인증(HACCAP, GAP 등) 취득을 추진할 필요가 있습니다"라는 기술이 있는 것으로 미루어 찬성으로 돌아섰다고도 볼 수 있다.

노다는 저출산이나 선택적 부부 별성 등 특정한 문제에 관해서는 이념도 정책도 탄탄한 정치인이다. 이 점은 높이 평가할 만하고 자민당 내에서도 독자적인 존재감을 드러내고 있다. 자신이 절실하게 겪은 인생 경험과 내세우는 정책이 일치한다는 점도 정치인으로서 훌륭하다고 생각한다.

한편, 약한 부분이 너무 많은 경향이 있다. 비전의 전체상을 제시하는 데도 서투르다 할 수 있다.

2018년 제4차 아베 내각 개조에 따라 총무대신 자리에서 물러나게 된 것은 노다에게는 좋은 일이었으리라. 가까운 미래에 총리대신을 목표로 한다면, 몇 년 안에 '약점'을 극복하기 위한 공부와 함께 비전을 확립하는 일이 필수 불가결하리라 생각한다.

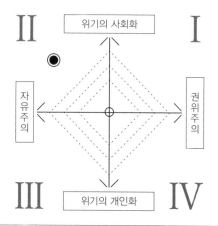

- 선택적 부부 별성 추진, 다양성을 강하게 존중→자유주의
- 신자유주의 비판, 저출산 대책을 위한 재분배→위기의 사회화
- 헌법, 외교·안전보장, 에너지 문제가 과제

5장

고 노 다 로 :: 철저한 신자유주의자

고노 다로

중의원 의원. 자민당. 가나가와현 제15
구. 8선. 1963년 1월 10일 가나가와현
히라쓰카시平塚市 출생.

1985년 조지타운Georgetown대학(비교정
치학 전공) 졸업. 1986년 후지제록스富士
ゼロックス 입사. 1994년 니혼탄시日本端子
주식회사 상무. 1996년 중의원 의원 첫
당선. 2002년 총무대신 정무관. 2005
년 법무성 부대신. 2008년 중의원 외무
위원장. 2015년 국가공안위원장·행정
개혁·국가공무원제도·소비자식품안
전·규제개혁·방재 담당대신(제3차 아베
제1차 개조 내각). 2017년 외무대신(제3차
아베 제3차 개조 내각).

2018년 11월 29일. 참의원 외교방위위원회.

자신의 주장을 적극적으로 피력하는 정치인

2019년 현재, 아베 내각의 외무대신으로 활약하고 있는 고노 다로. 이전에도 2015년 10월부터 이듬해 8월까지 아베 내각에서 국가공안위원회 위원장·내각부 특명 담당대신(규제개혁, 방재, 소비자식품안전)으로서 입각했다. 솔직한 발언으로 잘 알려졌으며 기득권익이나 규제, 이권을 추궁하는 모습이 인상적이었지만 각료가 되자 기존의 날선 주장이 다소 무뎌져 거세게 비판을 받기도 했다.

부친은 자민당 총재를 지낸 고노 요헤이. 부친이 간경변 진단을 받자 생체 간 이식을 한 일이 화제가 되기도 했다.

고노는 자신의 주장을 적극적으로 피력하는 정치인으로 유

명하다. 〈새끼 멸치의 이 갈기ごまめの歯ぎしり〉[1]라는 이름을 붙인 공식 블로그에는 그때그때 자신의 생각과 의견을 게재한다. 또한 저서도 적극적으로 출간하고 있다. 주요 저서는 다음 여덟 권이다.

① 《고노 다로의 국회공략본河野太郎の国会攻略本》

　　2002년, 에이지출판英治出版

② 《결단: 고노 부자의 생체 간 이식決断—河野父子の生体肝移植》

　　고노 요헤이와 공저, 2004년, 아사히신문사

③ 《내가 자민당을 다시 세우리라私が自民党を立て直す》

　　2010년, 요센샤洋泉社

④ 《바뀌지 않는 조직은 망한다変われない組織は亡びる》

　　니노미야 세이준二宮清純과 공저, 2010년, 쇼덴샤祥伝社

⑤ 《원전과 일본은 이렇게 된다: 남쪽으로 향해야 하는가, 그곳에 계속 살아야 하는가原発と日本はこうなる—南に向かうべきか、そこに住み続けるべきか》

　　2011년, 고단샤

⑥ 《'원자력 촌'을 넘어서: 포스트 후쿠시마 시대의 에너지 정책

1　미미한 존재가 분개한다는 뜻이다.

「原子力ムラ」を超えて―ポスト福島のエネルギー政策》
이다 데쓰나리飯田哲也, 사토 에이사쿠佐藤栄佐久와 공저, 2011년,
NHK출판

⑦《'초일본' 선언: 우리 정권 구상「超日本」宣言―わが政権構想》
2012년, 고단샤

⑧《공모자들: 정치인과 신문기자를 잇는 암흑의 복도共謀者たち―政
治家と新聞記者を繋ぐ暗黒回廊》
마키노 요牧野洋와 공저, 2012년, 고단샤

이 중에서 자신의 비전과 정책을 밝힌 저서는《내가 자민당
을 다시 세우리라》,《'초일본' 선언: 우리 정권 구상》등 두 권이
다. 이들 책을 읽으면 고노 다로라는 정치인의 윤곽을 대략 파
악할 수 있다. 고노가 지금껏 밟아온 길과 부친과의 관계를 알
고자 한다면《결단: 고노 부자의 생체 간 이식》이 적합하다. 동
일본대지진 이후, 고노는 자민당에 적을 두면서도 탈원전을 부
르짖는 논객으로서 주목을 받았다. 이와 관련해서 고노의 주장
을 알려면《원전과 일본은 이렇게 된다: 남쪽으로 향해야 하는
가, 그곳에 계속 살아야 하는가》에 정리가 잘 되어 있다.《공모
자들: 정치인과 신문기자를 잇는 암흑의 복도》에서는 일본 언
론이 권력이나 정치인과 결탁하여 국민에게 알려야 할 정보를

숨기고 있다고 고발한다.

아버지인 고노 요헤이에 대한 경의와 반발

고노 다로의 특징은 부친인 요헤이와 정치적 입장을 달리한다
는 점이다. 요헤이는 엄한 아버지였기에, 다로는 그가 매우 두
려운 존재였다고 고백한다. 식사 예절이 아버지의 마음에 들지
않으면 눈물이 쏙 빠지게 혼났고, 때로는 "갑자기 발로 차이"거
나 "따귀를 얻어맞았다"고 회상한다(《결단》).

    다로는 미국으로 건너가 조지타운대학을 졸업했는데, 애초
에 요헤이는 미국 유학을 반대했다. 요헤이의 지인인 미국인이
연 파티에 참석했던 어느 날, 다로가 "미국으로 유학 가고 싶
은데 아버지가 반대해서 큰일이다"라고 호소하자 그 자리에 있던
미국인 모두가 일본 대학을 졸업한 후 미국의 대학원에 가라고
진언했다. 그 말을 들은 다로가 의기소침해 있자, 요헤이가 "모
두가 그렇게까지 말린다면 오히려 가보는 게 재미있을지도 모
르겠다. 너 한번 가볼래?"라고 말했고 그렇게 유학이 결정된다.
출발할 때는 "유학은 운동과 마찬가지다. 온 힘을 쏟아라. 그러
면서도 즐겨라"라고 적힌 편지를 받았다고 한다(같은 책).

    일본에 귀국한 후 후지제록스에 입사했고, 이어서 해외 주재
원 등을 거쳐 니혼탄시로 이직한다. 그리고 소선거구제 도입[2]에

따라 부친의 선거구가 분할되자 가나가와현 제15구에서 자민당 공천으로 입후보하여 당선된다.

이때 요헤이는 맹렬히 반대했다고 한다. "어떻게 한 집에서 두 사람이나 선거를 치르느냐"고 말했고, 동료들에게도 "다로는 출마시키지 않겠다"고 선언했다. 따라서 아버지의 협력을 얻지 못한 채 단독으로 입후보한다. 주변 사람들이 아버지의 응원을 구하는 게 어떻겠냐고 말해도 "고노 다로의 선거다. 고노 요헤이와는 상관없다"고 뿌리치고는 선거전을 펼쳤다(같은 책).

고노는 부친의 존재에 의존하여 정치인이 되려고 하지 않았다. 오히려 아버지의 뜻을 거스르더라도 자신의 뜻을 관철하려는 의식이 강하게 작용하는 인물이다. 따라서 나중에 살펴겠지만 자유주의적인 가치관에 관해서는 아버지와 공유하는 부분이 많았음에도 경제 정책이나 복지, 재분배에 관한 생각에는 일정한 간극이 있다. 고노 다로라는 정치인을 파악할 때는 아버지에 대한 애정과 거리감, 경의와 반발의 균형을 읽어낼 필요가 있다.

'작은 정부'론자

정치인 고노 다로로서 눈에 띄는 것은 명백히 '작은 정부'를 지

2　1996년의 일이다.

향한다는 점이다. 그는 거듭 "작은 정부로 경제성장해야 한다"고 주장하며, 행정의 슬림화를 강조했다(《내가 자민당을 다시 세우리라》).

고노가 말하는 '작은 정부'란 어떤 것일까?

우선은 '권력이 작은' 정부를 지향하는 것이다. 일단 쓸데없는 규제를 만들지 않아야 한다. 국가는 민간 활동에 굳이 개입하지 않아야 한다. 하네다공항에서 국내선을 뺄지 혹은 국제선을 뺄지는 항공사와 시장이 결정할 일이지, 국토교통성 공무원이 결정할 일이 아니라고 주장한다(같은 책).

다음으로 지향하는 것이 '중앙 권한이 작은' 정부다. 지방이 감당할 수 있는 영역은 지방에 맡겨야 한다. 지방 분권을 대담하게 시행하여 지방에 권한을 이양해야 한다고 주장한다(같은 책). 이어서 "문부과학성은 필요 없다"고 논하며 "의무 교육에 관한 권한과 재원을 지자체에 이양"해야 한다고 역설한다(《'초일본' 선언》).

세 번째가 '공무원 수가 적은' 정부다. 국가가 쓸데없는 참견을 하지 않음으로써 국가공무원을 줄인다. 도주제道州制[3]를 통해 행정조직을 슬림화하고 지방공무원도 줄인다. 결과적으로

3　현행의 47개 도도부현都道府縣制을 10개 안팎의 도와 주로 변경해야 한다는 주장이다.

공무원 총수를 줄여 작고 단단한 행정을 실현한다는 구상을 제시한다(《내가 자민당을 다시 세우리라》).

마지막으로 '재정이 적은' 정부 그리고 '세수가 적은' 정부다. 세금이 싼 대신 과도한 행정 서비스를 시행하지 않고 시장의 자립성을 존중한다는 비전이다(같은 책).

고노는 '자기 책임형'인 자민당과 '사회안전망 강화형'인 민주당(당시)이 절차탁마하는 양대정당제를 구상하고 있다(같은 책). 이 관점에서 기존의 기득권익에 의존하는 자민당 정치를 통렬히 비판하고 신자유주의적 정당으로 모델을 변경해야 한다고 주장한다.

경쟁 원리와 규제완화를 추진

고노에게 과거 자민당은 좌파 성격을 띠는 존재다. 그는 오랜 굴레에 얽매여서 효과를 도외시한 재분배를 시행해온 것을 '사회주의적'이라고 받아들인다.

자민당은 이권 구조나 규제를 통해 불투명한 재분배를 시행해왔다. 이를 통해 지방의 고용을 지키고 국토의 보전을 꾀해온 것이다. 그러나 고노는 강력한 보호로 인해 경쟁 원리가 자취를 감추게 된 것의 폐해가 너무도 크다고 파악한다. 그 결과 국가와 행정에 지나치게 기대게 되고, 그에 따라 경제성장에 브레이크가 걸리게 되는 것이라고 말한다.

중도좌파적인 낡은 자민당이 낳은, 패자를 약자로 반쯤 혼동하며 규제와 보조금으로 지켜온 정책보다 경쟁 속에서 강한 경제를 창출해가는 새로운 중도우파적인 자민당의 정책이 이 나라에는 필요하다는 것을 국민이 이해하기 위해서는 더욱 시간이 걸리리라. 그래도 그것 외에 이 나라를 구할 길은 달리 없다.

(같은 책)

여기에서 고노가 강조하는 것이 규제완화의 중요성이다. "국내 산업의 생산성을 끌어올리기 위해서는 규제완화를 통한 경쟁이 필요"(같은 책)하며, 시장의 효율화야말로 중요한 점이라고 주장한다.

일본 경제에서 엿보이는 비효율적인 규제나 규범, 관습을 철폐하고 세제를 개정해 우리나라의 시장을 세계에서 가장 효율적이고 공평한 수준으로 만들어감으로써, 전 세계에서 인재, 자금, 제품, 정보가 모여들 수 있는 정책을 펼쳐야 한다. 그에 따라 고용을 창출하고 국민 소득을 높여 세계에서도 최고 수준의 생활 수준을 보장할 수 있다.

(같은 책)

그러기 위해서는 글로벌 시장 경제에서 살아남아 언제나 이익을 올릴 필요가 있다. 물론 TPP에는 찬성한다. "TPP는 전 세계적인 투자 규칙을 통일함으로써 일본에 대한 직접 투자를 충실케 하기 위한 유효한 수단"이며(《'초일본' 선언》), FTA 등을 통해 성장하는 아시아 시장을 일본으로 끌어들여야 한다고 주장한다(《내가 자민당을 다시 세우리라》). 또한 한국과 대담하게 연계하여 무역 자유화, 서비스 자유화, 인재 이동의 자유화를 추진해야 한다고 역설한다(《'초일본' 선언》).

일본 경제를 활성화하기 위해서는 기업이 일본에 거점을 만들고 싶도록 세제를 개편해야 한다고 주장하며, 법인세 감세를 통해 일본에 기업을 유치하는 구상을 펼친다.

부가가치가 높은 업무, 부가가치가 높은 고용을 일본 국내에 유치하기 위해 장애가 되는 것을 제거하는 일이 앞으로 정부가 맡을 역할이다.

《내가 자민당을 다시 세우리라》

나아가 기업 활동을 활성화하기 위해서는 고용 규제완화를 단행해야 한다고 말한다(《'초일본' 선언》). 일본에서는 일단 정사원으로 고용되면 특별한 일이 없는 한 해고되지 않는다. 고노는 이것이 일본 기업의 심각한 족쇄라고 간주하고, 고용 규제완화는 어쩔 수 없다고 주장한다. 다만 고용을 유연하게 하는 대신, 행정에 따른 교육·훈련 프로그램을 내실화하여 이직이나 새로운 도전을 지원하는 제도를 도입해야 한다고 주장한다.

철저한 규제완화는 보육, 교육, 의료 등에서도 예외가 아니다. 가령 어린이집에 들어가지 못해 장기간 대기하는 아동 문제가 심각한데, 규제완화를 함으로써 시설 수를 늘려야 한다고 주장한다.

현재는 인가 어린이집을 제외하고 국가의 설치 기준에 맞춘 시설이 아니기에, 적은 공적 자금 보조액과 늘어나는 보호자 부담으로 보육교사의 인건비를 감당하고 있다. 정직원을 고용하는 것은 어려우니, 아무래도 비정규직 계약직이 늘어나게 된다. 당연히 이직률은 높아지고 안정된 운영이 어려워진다. 안전 면에서도 우려해야 할 일이 많아질 것이다.

그러나 고노는 말한다. "이것이 단점이기만 할까요?"

공적 자금 부담이 적은 만큼 어린이집 수를 늘릴 수 있습니다. 따라서 아이를 맡기고 취직하는 부모의 수는 증가합니다. 급여는 적지만 어린이집에서의 고용도 늘릴 수 있습니다. 아이를 낳은 여성을 노동시장에 되돌리는 것이 정책 과제인 일본에서 이는 매우 중요한 일이 아닐까요?

(같은 책)

또한 이렇듯 철저한 경쟁 원리를 교육에도 도입해야 한다고 주장하며, 가르치는 기술이 뛰어난 교사에게는 대우를 개선하고 부적합한 교사는 배제해야 한다고 호소한다(《내가 자민당을 다시 세우리라》).

'패자'와 '약자'를 혼동해서는 안 된다

고노는 '패자'와 '약자'를 혼동해서는 안 된다고 거듭 말한다. '패자'는 자본주의 사회의 '승부'에서 진 사람들로, 조건이 갖춰지면 다시 '승부'에 도전할 수 있다. 정부는 재도전을 촉진하기 위한 제도를 정비해야 하며 가령 고용 보험이나 직업 훈련 등을 강화해야 한다고 말한다.

한편, '약자'는 신체에 장애가 있거나 난치병을 앓거나 하여 다른 사람과 같은 출발점에 설 수 없기에 공평한 '승부'를 겨룰 수 없는 사람을 가리킨다. 이 '약자'를 위해서는 사회보장제도를 정비하여, 지원하는 정책이 필요하다고 말한다.

시장에서 경쟁해서 진 선수에게는 다시금 도전할 수 있는 기회를 보장하는 것이 중요하다. 그리고 애초에 시장에서 공평하게 경쟁할 수 없는 약자에 대해서는 시장 원리 바깥에서 안심하고 살 수 있게 하는 시스템이 필요하다.

(같은 책)

일본의 기존 시책은 '패자', 즉 '이길 수 없는 선수'를 과잉보호함으로써 공평한 시장을 준비할 수 없었다. 그 결과, 경쟁 원리가 작동하지 않아 경제가 침체하는 원인이 되었다고 주장한다. 그러므로 더는 기득권익의 보호는 필요 없다. '이길 수 있는 선수'가 되도록 노력해야 한다. 만약 불가능하다면 시장 밖으로 나갈 수밖에 없다. 고노는 다음과 같이 엄격히 일갈한다.

이길 수 없는 선수를 이 이상 지키는 것이 아니라, 그에게 이길 수 있는 선수가 되든 시장 밖으로 나가든 어느 한쪽을 선택하라고 요구할 수밖에 없다.

(같은 책)

그리고 "사회는 승자를 찬양하고 존경한다." 이에 대해 "승자는 땀 흘려 번 돈의 일부를 사회를 위해 쓴다"고 말한다(《'초일본' 선언》). 세금으로서 정부에 맡기든지, 자신의 가치관에 근거하여 기부 등을 하든지 선택지를 부여해야 한다고 말한다.

고이즈미 정권이 끝나자 양극화 문제가 대두되면서 구조개혁의 폐해를 논하는 이들이 많아졌다. 그에 대해 고노는 정면으로 반론한다. 구조개혁이 나쁜 것이 아니다. 구조개혁을 철저히 하지 않은 것이 일본 경제의 침체를 초래했다. 구조개혁을 통해 경쟁력을 강화하는 것 말고는 살아남을 길이 없다. 그러기 위해서 국가가 할 수 있는 일은 철저한 규제완화이며, 효율적인 시장을 만들어내는 것이다. 그 과정에서 장애물을 없애는 것이 국가의 역할이라고 강하게 주장한다.

신자유주의 정책의 연장에 있는 탈원전

앞서 살펴본 고노의 철저한 신자유주의적 입장은 원전 정책에서도 마찬가지로 확인된다. 고노는 동일본대지진 이전부터 일본의 원자력 정책에 의문을 제기해왔으며, 특히 '핵연료 사이클' 정책의 거대한 낭비를 비판했다.

일본은 40톤 이상의 플루토늄을 보유하고 있는데, 이를 처리할 수 없어 곤란한 상황이다. 그러나 한편으로는 플루토늄을 한층 더 추출하려는 계획도 진행 중이다. 플루토늄을 추출하는 '사용후핵연료' 재처리 공장에 드는 비용은 매우 클 뿐더러 앞으로 얼마나 걸릴지 예상조차 할 수 없다. 고노는 이런 계획을 추진하는 것이 얼마나 의미가 있을지 반문한다.

> 왜 수십조 엔이 넘는 막대한 비용을 들여 당장 필요 없는 플루토늄을 추출하는 재처리 공장을 가동시켜야만 하는가. 왜 30년 전에 세운 계획을 변경하여 재처리를 중지하는 것은 불가능한가.
>
> (같은 책)

이는 동일본대지진이 일어나기 이전인 2010년의 주장이었다. 고노는 후쿠시마 제1원전 사고가 일어나자 원자력 발전소는 경제 채산성이 맞지 않는다고 주장하며, 원자로의 신설에 제동을 거는 언동을 반복했다.

고노가 바라보기에, 일본의 원자력 정책은 기득권익의 결정체일 뿐이다. 전력회사, 경제산업성, 정치인 그리고 언론이 유착하여 이익을 독점해온 구조 자체를 문제시한다.

고노는 재생에너지를 향한 대전환을 촉구하며 "2050년까지 현재 전력 사용량의 60퍼센트를 재생에너지로 발전"해야 한다고 주장한다. 또한 "전력회사의 지역 독점, 총괄원가방식을 폐지하고 발송전을 분리"할 것을 주장한다(《'초일본' 선언》). 여기에도 규제완화와 시장화를 추진하는 모습이 반영되어 있다. 이처럼 고노의 탈원전론은 신자유주의 정책의 연장선에 있다는 점이 그 특징이다.

외국인 노동자 수용,
외교·안전보장의 비용

일본의 노동력 부족에 관해서는 적극적인 외국인 노동자 수용이 필요하다고 일관되게 주장해왔다.

고노가 문제시하는 것은 기존의 연수제도다. 이는 "현대판 노예제도"이며 "일본의 수치이므로 한시라도 빨리 폐지해야 한다"고 말한다(《내가 자민당을 다시 세우리라》). 외국인 노동자에 대해서는 제대로 '취업비자'를 내줘야 한다고 주장하며 발급 조건으로서 일정한 일본어 능력을 갖출 것을 요구해야 한다고 제언한다(같은 책). 그리고 다음과 같이 말한다.

> 취업비자로 들어온 외국인에게는 정주·영주 비자로의 전환, 최종적으로 이 나라의 미래를 함께 짊어져 갈 마음이 있는 이에게는 국적 취득을 가능케 하는 길을 열어둘 필요가 있다.
>
> (같은 책)

외교·안보 정책에 관해서는 어디까지나 미일 안보 조약이

기축이라고 주장하며 미국의 전략과 연동함으로써 방위 비용이 절감된다고 주장한다. 오키나와에 미 해병대가 존재하는 것이 "중국에 대한 억지력으로 작용하는 것은 틀림없다"고 말하며 "재일 미군기지는 당분간 존속되어야 한다"고 주장한다(같은 책).

> 재일 미군은 '동아시아의 평화와 안정을 지키는 공공재'라고들 한다. 나도 동감한다. 재일 미군은 일본의 방위뿐 아니라 동아시아의 힘의 균형을 유지하는 데도 그 목적이 있다. 그리고 일본은 기지를 제공하여 일정한 재정 지원을 받음으로써 비용을 지불하고 있다는 사실을 잊어서는 안 된다.
>
> (같은 책)

단, 앞으로는 "미국의 '팔로워'에서 벗어나 새로운 아시아 태평양 지역에서의 리더가 될 일본 외교를 전개"해야 한다고 주장한다(《'초일본' 선언》). 미국이 계속해서 패권 국가의 지위를 유지하는 것은 어려우며, 중국의 영향력이 커지는 것은 피할 수 없다. 그런 상황에 대응하여 일본은 미국, 한국, ASEAN 국가들과 협력하면서 아시아 태평양 지역의 '지역 기구'를 만들어야 한다고 제창한다. 이를 통해 아시아 내에서 중국의 힘을 상대적으로 줄이고, 중국의 경제 지배를 견제할 전략을 구상한다.

고노의 특징은 외교·안보 문제에 관해서도 비용 측면을 강조한다는 점이다. 이 관점에서 공적개발원조(ODA)를 절반으로 줄이자고 제안한다(《내가 자민당을 다시 세우리라》).

ODA 사업만이 외교가 아니다. 사실 일본만큼 경제력은 없어도 뛰어난 외교력으로 존재감을 드러내는 국가는 많다. 일본에는 외교관 능력을 향상시키는 노력이 필요하다.

(같은 책)

정책의 핵심은 위기의 개인화

마지막으로 고노의 가치관을 살펴보기로 한다. 그는 '자유주의'인가, '권위주의'인가. 저서에서는 거의 다루지 않았지만, 공식 홈페이지에는 이에 관한 언급이 있다.

가령 선택적 부부 별성에 관해서는 2001년 11월 16일 자 〈새끼 멸치의 이 갈기〉에서 "나는 선택적 부부 별성에 찬성입니다"라고 밝혔다. 앞으로는 외동끼리의 결혼도 늘 것이다. 기혼 여성이 직업상 책임 있는 지위에 올라가는 일도 늘 것이다. 별성이 인정되지 않는 것이 원인이 되어 사실혼이 늘어나는 것은 바람직한 일이 아니다. 그러므로 선택적 부부 별성에는 찬성

이라고 말한다(〈새끼 멸치의 이 갈기〉 제18호 "국회의원은 사기꾼인가" '예외적 부부 별성에 관하여'「国会議員は詐欺師か」「例外的の夫婦別姓について」).

총리의 야스쿠니 신사 참배에 관해서는 어떤 입장일까.

2004년 11월 29일 자에서는 중국이 총리 공식 참배를 비판하는 이유를 상세히 설명하고, 상대의 주장을 제대로 이해해야 한다고 주장했다.

고노는 전체적으로 '자유주의'적 지향성을 지니는 것으로 판단되나, 정치인으로서 내세우는 정책의 핵심은 가치관의 문제가 아니라 '위기의 개인화'에 있다. 이 점에서도 부친인 요헤이와 미묘한 차이가 있다. 요헤이는 위안부 문제를 둘러싼 '고노 담화'로 알려졌는데, 아버지의 입장을 통해 고노의 사상을 파악하는 데는 신중해야 한다.

그렇다면 좌표축에서 고노는 어디에 위치할까. 이미 알고 있는 바와 같이, 고노는 꽤 분명한 Ⅲ 유형의 정치인이다. 본인은 저서에서 적극적으로 쓰지 않았지만 '신자유주의'를 지향하는 정치인이라고 말해도 좋으리라.

2018년의 자민당 총재 선거에서 살펴보자면, Ⅳ 유형의 아베보다도 같은 Ⅲ 유형의 이시바가 비전이나 정책적으로는 더 가깝다고 할 수 있다. 아베와는 가치관의 축에서 차이가 있지만, 정치인으로서의 비중을 세로축에 두고 있기에 내각에서 결정적인 의견 차이가 생기지는 않으리라고 본다. 외교·안보 정책도 기본적으로는 아베 내각이 걷는 노선의 범위 내라고 할 수 있다.

고노의 정책에는 찬반이 갈리겠지만, 전체적으로는 매우 명확한 비전을 지닌 정치인이라는 사실은 틀림없다. 앞으로는 '위기의 사회화'를 지향하는 입헌민주당 등 야당의 주장에 어떻게 대응하는지가 시험대에 오를 것이다.

총리 후보로서 아베와의 차이를 드러내기 위해서는 가치관 축에서 '자유주의'적인 정책을 강조할 필요가 있다. 이때 부친의 자유주의를 이어받아 동아시아를 중심으로 하는 교우 관계의 유산을 이어나갈지가 관건이다. 부친으로부터의 자립을 지나치게 의식한 나머지 역사 인식 등에서 자유주의적인 입장에서 멀어져 버린다면 동아시아 각국과 삐걱거릴 수밖에 없으리라. 이 점을 주시할 필요가 있다고 본다.

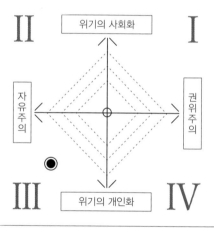

- 선택적 부부 별성에 찬성. 전체적으로 자유주의적 지향성
- 정책의 핵심은 가치의 문제가 아니라, 위기의 개인화
- 명확한 비전, 신자유주의 지향

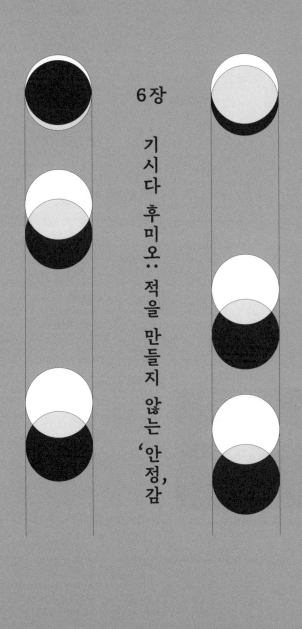

6장

기시다 후미오: 적을 만들지 않는 '안정'감

기시다 후미오

중의원 의원. 자민당. 히로시마현広島県 제1구. 9선. 1957년 7월 29일 도쿄도 출생. 1982년 와세다早稲田대학 법학부 졸업 후 주식회사 일본장기신용은행日本長期信用銀行 입사. 1987년 기시다 후미타케岸田文武 중의원 의원 비서. 1993년 중의원 의원 첫 당선. 1999년 건설성 정무차관. 2001년 문부과학성 부대신. 2007년 오키나와·북방北方[1]·재도전 담당 대신(제1차 아베 내각). 2008년 소비자행정 담당대신, 우주개발 담당대신(후쿠다 내각). 2011년 자민당 국회 대책위원장. 2012년 외무성 대신(제2차 아베 내각). 2017년 겸 방위성 대신(제3차 아베 개조 내각). 자민당 정무조사회장 겸 일본 경제재생 본부장.

2018년 10월 2일, 기자회견.

---

1 러시아와 영토 분쟁 중인 남쿠릴 열도를 일본에서 이르는 말.

비전을 제시하지 않음으로써
적을 만들지 않는다

아베 내각에서 외무대신을 장기간 역임하며 총리 후보로서 거론되고 있는 기시다 후미오. 2018년에는 자민당 총재 자리에 의욕을 내비쳤으나 최종적으로 출마를 단념했다. 총재 선거 투표 후에는 기자를 향해 "나도 기회가 있다면 도전하고 싶다"고 언급한 만큼, 총리가 되고 싶은 의지가 강한 것으로 보인다.

따라서 기시다의 이념과 사상, 비전을 분석하고자 하는데 이 일이 좀처럼 쉽지 않다. 기시다는 한 권의 저서도 출간하지 않았으며, 자기 생각을 피력하는 데 소극적인 정치인이기 때문이다.

기시다는 그때그때 권력자의 입맛에 맞춰 요령 있게 충돌을 피해온 정치인이다. 확실한 비전을 제시하지 않음으로써 적을 만들지 않으며 유력한 지위를 손에 넣어온 순응형으로, 좋게 말하면 견실하고 냉정한 인물이다. 그러나 이 나라를 어떤 방향으로 이끌어갈지 알 수 없고 무엇을 하고 싶은지도 명료하지 않은 정치인이기도 하다.

아무튼 무던한 말을 하는 데는 천재다. 그의 발언에 강하게 반발하는 이들도 적지만, 정책이나 비전을 두고 강한 공감을 표하는 이들도 많지 않다. '비둘기파'로 불리는 고치카이의 에이스라는 '자유주의' 이미지가 먼저 떠오르지만, 구체적인 정치 제언에 반영되지 않았기에 그가 정말로 그러한 성향을 지녔는지는 확실치 않다.

긍정적으로 평가하자면 뛰어난 균형 감각을 지닌 현실주의 정치인이고, 극단을 피하는 냉정함과 진중함을 지녔다고 할 수 있으리라. 다만, '어떤 사회를 만들어갈 것인가'라는 주요 비전이 보이지 않기 때문에 그에게 일본이라는 나라의 방향키를 맡겼을 때 어떤 정책을 펼칠지 가늠할 수가 없다.

이것을 '안정'감으로 봐야 할 것인가, 아니면 신념 없는 기회주의라고 봐야 할 것인가. 평형 감각이 뛰어난 정치인라고 봐야 하는가, 단순히 휩쓸리기 쉬운 정치인으로 봐야 하는가. 이를 간파하는 것이 기시다 후미오라는 정치인을 평가할 때 핵심이 될 것이다.

참고로 기시다 본인은 자신의 위치를 고치카이의 전통과 얽으며 다음과 같이 말한다.

> 정치 슬로건이나 이데올로기에 휩쓸리지 않고 국민의 목소리를 들으면서 지극히 현실적인 대응을 해나가는 집단이 고치카이로, 이는 보수주의가 갖는 기본 태도라고 생각합니다.
>
> (〈독점: 기시다 후미오 외무성 대신 인터뷰独占 岸田文雄外相インタビュー〉《주간 아사히》 2016년 6월 24일 호)

한편, 한 외무성 관료는 말한다. "정책 이해도 빠르고 답변에도 빈틈이 없지만, 아베 총리나 스가 요시히데 관방장관의 의향을 그대로 받아들인다. 외무대신으로서의 자부심이 없으며 외무성 내에서는 '슈퍼 정치위원'이라고 야유당하고 있다."(《THEMIS》 2015년 12월 호)

그렇다면 기시다 후미오의 본질은 어떠할까.

아베 총리에게는 순종,
후쿠다 전 총리에게는 공감

기시다 후미오의 조부인 기시다 마사키岸田正記와 부친인 기시다 후미타케는 모두 중의원 의원으로, 정치인 집안이다.

미국에 주재하게 된 부친을 따라, 여섯 살이던 기시다 후미오도 뉴욕 공립학교에 다닌 시절이 있다. 당시 겪었던 인종 차별을 계기로 정치인의 꿈을 품었다고 한다. 일단 잘못되었다고 생각한 것에는 목소리를 내야 한다. "정치라는 것을 통해 바로 잡아야만 한다."(니코니코동화ニコニコ動画, 〈야마모토 이치타의 "직활강 스트림"山本一太の "直滑降ストリーム"〉 게스트: 기시다 후미오 외무대신, 2013년 5월 27일 방송) 그는 그렇게 생각했다고 한다.

대학 입시에서 두 번 고배를 마신 후, 와세다대학에 입학한다. 졸업하고 일본장기신용은행에 입사해서 약 오 년간 근무한 후, 당시 중의원 의원이던 부친의 비서가 된다. 그 부친이 1992년 65세를 일기로 세상을 떠난다. 기시다는 그 뒤를 이어 1993년 여름 중의원 의원 선거에서 처음으로 당선된다. 이때 함께 당선된 인물로 아베 신조와 노다 세이코 등이 있다.

고치카이에 소속된 기시다에게 가장 큰 난관이 된 것이 2000년에 일어난 '가토의 난'이었다. 고치카이를 이끄는 가토 고이치가 모리 요시로 내각을 비판하며 야당이 제출한 내각 불신임안에 동조할 의향을 표명한 소동인데, 당초 기시다는 불신임안 가결에 찬성표를 던질 결심을 굳히고 자민당에서 제명 처분될 각오를 했다고 한다. 그러나 당 간부가 주변의 시선을 아랑곳하지 않고 와해시키는 바람에 고치카이는 뿔뿔이 흩어졌고, 가토도 본회의에 불출석하자 기시다는 생각을 바꾸었다. 반란이 실패함에 따라 가토는 자민당 내에서 지위를 잃었고 총리 후보에서도 밀려났다. 그 후 고치카이는 분열했고, 기시다는 가토의 품을 떠나 호리우치파로 적을 옮겼다.

기시다는 순조롭게 출세하여 고이즈미 내각 때는 문부과학성 부대신으로 임명되었다. 기시다 이상으로 고이즈미 내각에서 떠오른 인물이 동기인 아베 신조다. 그는 북한 납치 문제에서 강경한 자세를 표명하여 여론의 지지를 얻더니, 2003년에는 간사장으로 발탁되어 차기 총리대신 후보로 떠올랐다. 2004년 4월에는 기시다의 선거구인 히로시마의 심포지엄에 초청된 아베가 문부과학성 부대신으로 활약한 기시다를 "'슈퍼 부대신'이라고 불렸습니다"라고 절찬하며 두 사람의 밀월 관계를 과시했다(〈대신도 보이기 시작한 기시다 후미오 중의원 의원大臣も見えてきた岸田文雄衆議院議員〉《비즈니스계ビジネス界》, 2004년 5월 호).

2006년에 총리 자리에서 물러난 아베는 이듬해 제1차 아베 개조 내각에서 기시다를 내각부 특명 담당대신(오키나와 및 북방대책, 규제개혁, 국민 생활, 재도전, 과학기술 정책)으로 임명한다. 기시다에게 이는 염원하던 첫 입각이었다.

기시다는 사상적으로는 다른 입장인 아베에 대해 순종적

인 태도를 유지한다. 총리에 취임하고 몇 달 지나지 않은 아베를 덮어놓고 칭찬하며 "매우 균형 감각이 뛰어난 분으로, 지극히 안정감이 있다"라고 말했다(《주고쿠신문中国新聞》 2006년 12월 20일). 한편 아베 내각이 붕괴한 후 출범한 후쿠다 야스오福田康夫 내각에서도 내각부 특명 담당대신으로 임명되자 이번에는 "'비둘기파' 색이 진한 후쿠다 내각은 공명할 부분이 많다"고 말하며, 후쿠다 총리의 생각에 공감을 드러냈다(〈히로시마의 얼굴: 기시다 후미오 씨広島の顔 岸田文雄さん〉《벤디 히로시마ヴェンディ広島》 2007년 12월 1일 호).

민주당 정권 시절에 야당 생활을 경험한 후 제2차 아베 내각에서는 외무대신으로 취임하여, 전임으로서는 역대 최장을 기록한다. 그리고 2017년 8월에는 자민당의 정조회장으로 취임하여 현재에 이른다. 아베 총리와 견해 차이는 있지만, 현실적인 대응이 중요하다고 말하며(〈오바마의 히로시마 방문에 기대한다オバマ広島訪問に期待する〉《문예춘추》 2016년 6월 호) 순종적인 태도를 취한다. 이런 빈틈없는 모습이 그가 평탄한 길을 가는 데 기초가 되어왔다고 할 수 있으리라.

'자기 책임'인가?

'사회안전망 강화'인가?

슬슬 기시다의 사상과 비전을 살펴보자. 단, 앞서 말한 바와 같이 기시다는 제대로 된 저서가 없다. 따라서 다양한 신문이나 잡지에 게재된 인터뷰 기사에서 그가 가진 생각의 골자를 파악하기로 하자.

우선은 재분배를 둘러싼 기본입장을 살펴보자. 기시다는 '자기 책임'형인가, '사회안전망 강화'형인가.

기시다는 제2차 오부치 내각과 모리 내각에서 건설 정무 차관을 역임했다. 건설성(현 국토교통성)의 주요 업무로는 공공공사가 있다. 마침 공공공사와 관련된 예산이 한번에 감소하기 직전에 해당하여, 언론에서도 '공공공사=세금 낭비'라는 비판적인 보도가 반복되던 시기였다.[2] 이때 기시다는 어떤 발언을 했을까?

기본적으로 기시다는 공공공사를 눈엣가시처럼 여기는 논조는 취하지 않았다. "아직은 공공공사 등으로 [경기 회복을] 밑받침해야 한다"고 말하며, 인프라 등의 사회 기반을 정비하기 위한 노력이 계속해서 중요하다는 인식을 드러냈다((기시다

2　건설성은 정치자금을 끌어모으는 자금줄로 인식되어 온 부처 중 하나다. 사업과 관련하여 국민의 세금을 낭비한다거나 경제성이 의문시된다는 비판이 있었다.

건설 정무차관 인터뷰岸田建設政務次官インタビュー〉《건설월보建設月報》1999년 12월 호).

그렇다고 해서 무작정 공공공사를 예찬하는 것도 아니다. 건설 업계의 중요한 부분을 육성하고 존속시키기 위해서는 "어느 정도의 합리화, 효율화는 당연히 생각해야 한다"고 말하며, 다음과 같이 언급했다.

> 역시 선별 도태는 필요해지리라 봅니다. 그때 의욕 있고 힘 있는 기업이 선별 도태 속에서 살아남을 수 있는 시장이나 토양, 분위기를 만들어야 합니다. 그 정도가 건설성의 역할이 아닐까요?
>
> (〈제13회 이 사람에게 묻고 싶다: 기시다 후미오第十三回この人に聞きたい―岸田文雄〉《토목시공土木施工》2000년 6월 호)

이 부분을 읽으면 시장 원리에 기반하여 건설 업계에 '선별 도태'를 촉구하는 신자유주의자처럼 보이나, 한편으로는 "현실적으로 그곳에 사람이 살아가는 이상은 소프트 랜딩을 마음에 새겨야 한다"고 브레이크를 밟는다. 바로 이런 점이 기시다의 특징이다. 좋게 말하면 균형이 잡혀 있다고 할 수 있지만, 엄격한 표현을 쓰자면 지향해야 할 방향성을 확실히 제시할 수 없다는 것이리라.

이렇듯 '애매모호'한 입장은 그 후에도 이어진다. 자기 책임형인 '위기의 개인화'가 추진되었던 고이즈미 정권기에는 다음과 같이 말했다.

쓸데없는 것은 없애야 한다. 그러나 효율만을 추구하는 것은 과연 옳은가.

(〈의료비 억제를 위한 생활 습관병 예방을 중시: 중의원 유럽 각국 사회보장제도 등 조사의원단의 보고(하)医療費抑制のために生活習慣病予防を重視—衆議院欧州各国社会保障制度等調査議員団の報告(下)〉《주간 사회보장週間社会保障》2006년 5월 29일 자)

제도 전체의 지속 가능성과 국민 한 사람 한 사람이 가진 이해 사이에서 균형을 취하면서 개혁을 추진하는 어려운 과제에 직면했습니다. (중략) 책상 위에서 숫자만을 보고 생각하는 차가운 정치인이 아니라, 인간의 온기를 잃지 않는 정치를 이어가고 싶습니다.

(〈사회 상황을 고려한 개혁으로 제도의 지속 가능성을 확보社会状況を踏まえた改革で制度の持続可能性を確保〉《주간 사회보장》2006년 3월 6일 자)

기시다는 고이즈미 정권을 강력하게 지지한다. 고이즈미 개조 개혁도 추진한다. 그러나 지나친 양극화 사회의 확대에는 제동을 걸어야 한다는 생각도 있다는 점에서 갈등이 엿보이기도 한다.

기시다의 선거구는 히로시마현 제1구로 자동차 산업이 중요한 지역이기 때문에 자동차 업계에서의 FTA·EPA 추진 압력을 받아온 듯하지만, 일간 자동차 신문사가 간행하는 업계 잡지의 인터뷰에서는 다음과 같이 말했다.

자동차는 농업과 더불어 일본으로서는 중시해야만 하는 산업이다. 그러나 농업과의 관계도 포함하여 그 방향키를 잡기는 꽤 어려운 면이 있다는 느낌이다.

(〈07 신춘 인터뷰 '자동차 세제 체계의 간소화를 강하게 밀어붙이자'07新春イ
ンタビュー『自動車税制体系の簡素化に力強く取り組んでいきたい』〉《Mobi21》40호, 2007년)

이때도 답은 알맹이가 없다. 인터뷰어가 물고 늘어지며 "FTA는 아시아 지역에서, 특히 중국에 비해 뒤떨어진 느낌을 지울 수 없다"고 추궁하자 "결국 전부를 일컫는 종합력, 국익으로서 어떻게 해야 하는가 하는 관점이 필요하지 않겠느냐"고 답하며, 최종적으로는 "균형의 문제"라고 답했다.

한편 제2차 아베 내각의 외무대신 시절에는 총리가 TPP를 추진했기 때문에 그 방침에 따라 각국에 적극적인 공작을 펼쳤

다. 잡지 《외교外交》에서는 TPP와 같은 다자간 자유무역협정이야말로 "21세기 전 세계의 표준이 되리라고 기대합니다"라고 말하며, 자유 무역의 촉진에 힘써야 한다고 주장했다(〈권두 인터뷰 외무대신 기시다 후미오: '변화의 해'를 전망하다巻頭インタビュー外務大臣岸田文雄: 「変化の年」を展望する〉《외교》2017년 1월 호).

일단 명확한 입장을 내세우지 않은 채 그때그때 정권의 방침에 유연하게 대응하여 행동하는 자세는 일관적이다. 따라서 정작 기시다 자신의 이념을 파악하기가 힘들다. 기시다가 총리가 된다면 '위기의 개인화'를 지향할까, 아니면 '위기의 사회화'를 지향할까. 역시 잘 모르겠다.

참고로 재정 건전성 회복에 관해서는 일관되게 적극적인 자세를 보인다. 2017년의 중의원 선거 때 행해진 〈아사히·도쿄대 다니구치谷口 연구실 공동조사〉에서는 'A: 국채는 안정적으로 소화되고 있으니 재정 적자를 걱정할 필요가 없다', 'B: 재정 적자는 위험한 수준이므로 국채 발행을 억제해야 한다'는 두 개의 선택지 중 "어느 쪽이냐고 묻는다면 B에 가깝다"고 답했다.

최근 정조회장으로서 강조하는 것은 자민당이 2017년 중의원 선거에서 내세운 '생산성 혁명'과 '인재양성 혁명'의 추진이다. '생산성 혁명'은 기술혁신이나 세제 개혁, 규제완화를 진행한다는 방침이고, '인재양성 혁명'은 육아, 개호, 교육을 중점적으로 지원함으로써 미래에 대한 불안을 경감하려는 것이다. 재원은 소비세 증세로, 아베가 제시한 10퍼센트 소비세 증세에도 찬성한다. 이들 논의도 최근 자민당의 방침을 계승한 것으로, 기시다만의 특징은 보이지 않는다.

초지일관 원전 추진, 흔들리는 헌법론

이제 원전 정책을 살펴보자. 기시다는 원전에 대해서만큼은 일관되게 추진해야 한다는 입장을 보였다. 동일본대지진 이전인 2008년에는 《일본원자력학회지日本原子力学会誌》에서 다음과 같이 말했다.

> 원자력 발전은 에너지의 안정적인 공급에 기여하는 동시에 발전 과정에서 이산화탄소를 배출하지 않고, 라이프 사이클 전체로 비교했을 때도 단위 발전당 배출량이 석유 화력의 3퍼센트 남짓이기에 지구온난화 대책으로서도 효과적인 수단입니다.
>
> (〈머리말: 온난화 대책에 큰 역할을 할 원자력 이용의 국제 전개卷頭言 温暖化対策に大きな役割を果たす原子力利用の国際展開〉 《일본원자력학회지》 2008년 7월 호)

그는 동일본대지진으로 인한 후쿠시마 제1원전 사고 후에도 원전 재가동에 적극적인 입장을 견지했다. 2017년의 〈아사히·도쿄대 다니구치 연구실 공동조사)에서도 '원자력 규제 위원회의 심사에 합격한 원자력 발전소는 운전을 재개해야 하는가'라는 질문에 "어느 쪽이냐 하면 찬성"이라고 대답했고 'A: 지금 당장 원자력 발전을 폐지해야 한다', 'B: 미래에도 원자력 발전은 전력원의 하나로서 확보해야 한다'는 두 개의 선택지 중에서도 "어느 쪽이냐 하면 B에 가깝다"고 답했다.

헌법에 관해서는 어떨까. 기시다는 2015년 10월 5일 파벌 연구회에서 다음과 같이 말했다고 보도되었다.

고치카이는 헌법에 애착이 있다. 당분간 헌법 9조 자체는 개정할 생각이 없다. 이것이 우리의 입장이 아닐까 싶다.

《THEMIS》 2015년 12월 호)

그러나 이 발언이 뉴스로 보도되고 헌법 개정을 추진하는 아베가 '격노'했다는 소리를 전해 듣자, 기시다는 급히 태도를 바꾸어 "헌법은 중요하지만 시대의 변화에 대응하는 것도 필요하다"고 말한다(같은 잡지). 이후 헌법에 대해서는 "시대의 변화에도 대응하여 더욱 좋은 것으로 바꾸어가자는 입장"《주간 아사히》 2016년 6월 24일 호)이라고 설명하며, 아베가 내세운 개헌안에 이의를 달지 않았다.

《주간 문춘》에서 진행한 아가와 사와코阿川佐和子와의 대담에서는 다음과 같은 대화를 주고받았다.

> 기시다: 시대의 흐름에 맞는 헌법 개정 자체는 저도 자민당의 일원으로서 부정하지 않습니다. 그러나 문제는 무엇을 어떻게 개정하느냐이므로, "개정을 전제한다"는 것은 아닙니다.
>
> 아가와: 기시다 의원님은 비둘기파라 불리는 고치카이의 회장이기도 하죠?
>
> 기시다: 소리 높여 외치는 분들보다는 소극적으로 보일지도 모르겠네요.
>
> 아가와: 그렇다면 정치 신조 면에서 아베 총리와는……
>
> 기시다: 조금 다르지 않을까 싶습니다. 다만 정치의 속성상 성과를 내야만 하죠. 그런 면에서 강한 의지를 지니고 있다는 점에서는 저도 같은 생각입니다.
>
> (〈제1102회 아가와 사치코의 이 사람과 만나고 싶다: 기시다 후미오第一一〇二回阿川佐和子のこの人に会いたい―岸田文雄〉《주간 문예춘추》 2016년 2월 18일 호)

《주간 동양경제》에 게재된 시오타 우시오塩田潮와의 인터뷰 기사에서는 다음과 같이 말했다.

9조에 무언가 추가함으로써, 자위대가 위헌이라는 의심을 불식시키고자 하는 아베 총리의 생각도 이해한다. 실태가 변하지 않는다면 내 생각과 전혀 차이가 없다.

(〈제43회 인물열풍록: 기시다 후미오 급부상 중인 차기 총리 후보 '자유주의'라는 기치는 진짜인가第四十三回ひと烈風録 岸田文雄 躍り出た次の首相候補「リベラル」の旗印は本物か〉《주간 동양경제》 2018년 2월 3일 호)

어느 쪽이건, 헌법 9조를 둘러싼 입장이 흔들리고 있다는 건 사실이다. 그때그때 권력자의 눈치를 보며 유연하게 대응해 온 기시다의 아슬아슬함이 여기에서 현저히 드러난다고 할 수 있다. 다만 권력자의 의향에 따라 소중히 지켜온 신념을 쉽게 굽혀 버린다면 유권자의 믿음을 저버리는 셈이 되리라.

야스쿠니 문제에 대한 모호한 태도

총리가 야스쿠니 신사를 참배하는 문제에 대해서도 태도가 모호하여 명확한 입장이 보이지 않는다. 자신이 총리가 되었을 때 참배할지의 여부에 대해, 내가 아는 한은 분명한 언급을 피하고 있다.

2006년 8월 15일에 고이즈미 총리가 참배했을 때는 TV 프로그램에서 다음과 같이 발언했다.

야스쿠니 신사를 참배하는 것 자체의, 국가를 위해 목숨을 바쳐 시대에 맞서 싸운 분들에 대한 경의를 표한다는 의미에서는 지지합니다. 그러나 총리대신이 참배할지의 여부는 날짜를 포함하여 참배의 형태 그리고 환경 정비 등 더욱 세심한 배려가 필요했다고는 생각합니다.

(2006년 8월 25일, 히로시마TV〈TV 선언テレビ宣言〉에 출연해서 한 발언)

총리가 국가를 위해 싸운 선조들에 대해 경의를 표하는 것에는 찬성하지만, 참배할지 말지를 둘러싸고는 조금 더 배려가 필요하다는 의견이었다. 그렇다면 어떤 배려가 있다면 참배를 전면적으로 지지할 것인가? 그 점에 관해서는 명확한 언급이 없다. 야스쿠니 신사 참배에 대한 자신의 입장에 관해서도 이 시점에서는 구체적인 언급이 없다.

아베는 2013년 12월에 야스쿠니 신사를 참배했으나, 기시다는 외무대신으로서 "총리 개인의 마음의 문제"라는 언급과 함께 "이 문제가 정치 문제, 혹은 외교 문제로서 커지지 않도록 노력하는 것이 내 일이다"라고 말하며 불을 끄는 일에 집중했다. 2014년 4월 8일 자《뉴욕타임스》(인터넷판) 인터뷰에서는 "우리나라가 해야 할 일은 과거를 겸허하게 받아들이고, 거듭해서 깊은 회한의 뜻을 표명하며, 무엇보다도 69년간 평화의 길을 걸어왔음을 알리는 것이다"라고 말하면서 아베 내각의 역사 인식에 대한 우려를 불식시키려고 했다. 한편 구체적인 역사 인식에 대해 자신의 견해를 깊이 담은 언급은 없다.

핵 폐지에 대한 생각

기시다는 일관되게 미일 안보 동맹을 중요시하는 자세를 취하고 있다. 그러나 미국의 핵 확대 정책에 대해서는 엄격한 입장을 제시해왔다.

앞에서도 이야기했지만, 기시다의 선거구는 히로시마현 제1구다. 선거구 내에 원폭 돔이 있으며 원자폭탄이 투하되었던 지점이 있다. 따라서 핵 군축에 관한 강한 신념을 지니고 있다. 일본은 유일한 피폭국으로서 핵 군축 문제의 해결을 위해 나설 '도의적 책임'이 있다고 언급한 바도 있다(하야시 마리코林真理子와의 대담 〈724회 마리코의 게스트 컬렉션: 기시다 후미오七二四回　マリコのゲストコレクション：岸田文雄〉《주간 아사히》 2014년 7월 25일 호).

기시다가 보는 한 핵무기가 없는 세상을 향해 전진하기 위해서는 '핵무기 보유국'과 '핵무기 비보유국'의 협력이 꼭 필요하다. 그러나 현실에서는 양자가 첨예하게 대립하여 합의를 형성하기 어려운 장면이 되풀이되고 있다. "일본은 핵무기를 보유한 국가와 그렇지 않은 국가가 협력할 수 있는 소지를 만들

고, 그와 동시에 현실적으로 실천 가능한 결과가 나올 방향으로 땀 흘려야 한다"고 말한다(움직이기 시작한 동아시아 근린 외교: 일본 외교의 일 년을 전망하다動き始めた東アジア近隣外交—日本外交の一年を展望する)《외교》 2016년 1월 호).

집단적 자위권을 뼈대로 한 안보 법제를 논의하던 2015년 8월의 국회에서는 야당 의원이 "이 법률로 핵무기를 운반할 수 있는가"[3]라는 질문을 던졌는데, 당시 나카타니 겐 방위대신이 "법률적으로는 핵무기도 운반할 수 있게 되어 있다"고 답변했다. 이에 대해 기시다는 즉각 "비핵 3원칙도 있는 데다가, 핵무기를 운반한다는 것은 생각하지도 않았으며 현실적이지 않다"고 답했다(전술,《주간 동양경제》 2018년 2월 30일 호).

2017년의 〈아사히·도쿄대 다니구치 연구실 공동조사〉에서도 '비핵 3원칙을 견지해야 한다'는 질문에 "찬성"이라고 명확히 답했다.

그런 기시다에게 고향인 히로시마에 미국 대통령이 방문하는 것은 비원이었다. 그는 2016년 5월 오바마의 방문이 실현되자 "가슴이 벅차오르는 것을 느낀다"고 말했다(전술,《외교》 2017년 1월 호). 애매한 입장을 취하는 일이 많은 기시다지만, 핵무기

---

3   미군의 핵무기를 자위대가 수송할 수 있느냐는 질문이다.

문제에 대해서만큼은 언제나 명확하게 비핵화를 지지해왔다.

기시다는 정말로 자유주의자인가?

마지막으로 기시다의 가치관을 큰 틀에서 훑어보고자 한다.

앞서 소개한 아가와 사와코와의 대담에서는 존경하는 정치인으로서 미야자와 기이치 전 총리를 들었다. 어떤 점을 존경하느냐는 질문에 다음과 같이 말했다.

> 권력에 대한 그분의 생각이겠지요. 바로 다양성을 존중하는 부분입니다. 전쟁 중이라는 암흑의 시대를 경험하고 압력 속에서 자유롭게 말하거나 행동하지 못했던 경험에서 그런 생각을 형성하셨던 거겠지요. 자유의 소중함과 권력을 잘못 써서는 안 된다는 점을 직접 가르쳐주셨고, 이 대목에서 많은 영향을 받았습니다. 지역도 같은 히로시마고요.
>
> (전술,《문예춘추》2016년 2월 18일 호)

즉, 미야자와의 자유주의적인 자세에 존경심을 품었다는 것이다. 이는 고치카이의 전통과도 맞아떨어지며, 기시다의 일반적인 이미지와도 차이가 없으리라.

그러나 중요한 정책 이야기로 넘어가면, 기시다의 입장은 돌연 불명확해진다.

2017년에 행해진 〈아사히·도쿄대 다니구치 연구실 공동 조사〉에서는 '동성끼리의 결혼을 법률적으로 인정해야 한다'는 질의에 대해 응답하지 않았다. '부부가 바란다면 결혼 후에도 각각 결혼 전 성을 쓰는 것을 법률로 인정해야 한다'는 질의에 대해서도 답변하지 않았다. 'A: 부부와 여럿의 자녀로 이루어진 것이 가족의 기본 형태다', 'B: 한부모 가정이나 딩크스 등 가족 형태는 다양해도 좋다'는 질의에도 무응답으로 일관했다.

좌우간 부부 별성 문제나 성 소수자의 권리 문제에 대해 적극적으로 발언한 적도 없고, 자신의 자유주의적 이미지가 정책으로 이어지지도 않았다.

지금까지 봐왔듯이 기시다의 입장은 세로축에 대해서도 가로축에 대해서도 불명확한 점이 많아서 어떤 위치에 두어야 할지 결론 내리기가 어렵다. 군이 말하자면 정확히 '0'이라는 중심점에 위치시킬 수밖에 없다고 생각한다.

아마도 기시다 본인은 Ⅱ나 Ⅲ 유형을 지향할 듯하지만, 무엇보다도 자신의 비전을 이야기할 용기가 없는 한 국민은 총리에 걸맞은 인물인지 아닌지 판단할 수 없다.

어쩌면 제1차 아베 내각 후에 출범한 후쿠다 내각처럼 '진자의 법칙'에 따라(즉 '매파'에 대한 '비둘기파'로의 반동에 따라) 총리 자리가 손에 들어오리라 기대하는지도 모른다. 그러나 그때그때의 정서에 쉽게 휩쓸리고 정치인으로서의 신념이 희박하다면 어디를 향해 표류할지 알 수 없다는 불안이 상존한다.

물론 기시다는 타자에 대한 배려와 균형 감각을 갖춘 인물이다. 과도한 자기 과시와 쇼맨십이 횡행하는 정계이다 보니 겸손하고 침착한 자세에 기대가 모아지는 것도 수긍이 간다.

고치카이 선배 중에는 오히라 마사요시大平正芳 전 총리가 떠오르는데, 오히라는 그 균형 감각의 토대에 폭넓은 교양과 깊은 철학을 갖추고 있었다. 그러므로 비전이 명확했고 또한 현실주의적인 정치를 전개할 수 있었다.

아쉽게도 기시다에게는 그런 면이 보이지 않는다.

지금의 기시다에게 필요한 것은 각오를 다져서 자신의 입장, 이념, 정책을 명시하는 것이 아닐까? 국민에게 정치인으로서의 신념과 이념을 제시하고, 때로는 아베와 부딪히는 것도 개의치 않는 용기가 필요하다고 생각한다.

1장에서 소개했듯, 아베는 조부인 기시 노부스케가 오노반보쿠에게 "다음 정권을 양보한다"는 취지의 각서를 써놓고도 휴짓조각으로 만든 일화를 교훈으로 삼고 있다. 그런 아베에게 전면적으로 협력함으로써 정권을 선양받으리라 기대해서는 안 된다.

기시다에게 필요한 것은 권력자의 눈치를 보지 않고 자기 생각을 제시하는 용기와 지성이다.

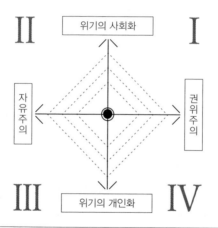

- 핵무기 문제에 관해서는 언제나 명확한 발언
- 자유주의자라는 이미지가 정책으로 이어지지 못한다
- 비전이 불명확

7장

가토 가쓰노부: 위기의 사회화를 실현하기 위하여

가토 가쓰노부

중의원 의원. 자민당. 오카야마현岡山県
제5구. 6선. 1955년 11월 22일 도쿄도 출생.
1979년 도쿄東京대학 경제학부 졸업 후
대장성大蔵省 입성. 1994년 농림수산 대
신 비서관. 1995년 가토 무쓰키加藤六月
중의원 의원 비서. 2003년 중의원 의원
첫 당선. 2007년 내각부대신 정무관.
2010년 자민당 부간사장. 2012년 내각
관방 부장관(제2차 아베 내각). 2014년 겸
내각관방 내각인사국장. 2015년 1억 총
활약[1]·여성 활약·재도전·납치 문제·
국토 강인화·저출산 대책·남녀공동참
획 담당대신(제3차 아베 제1차 개조 내각).
2017년 후생노동성 대신(제3차 아베 제3
차 개조 내각). 2018년 자민당 총무회장.

2018년 10월 9일, 총무회 후 열린 회견.

---

1   저출산·고령화 문제를 해결하기 위해 아베가 2015년에 내세운 간판 정
    책으로, 50년 후에도 인구 1억 명을 유지하고 한 명 한 명이 집과 직장과
    지역사회에서 활약하는 사회를 만들겠다는 내용을 담고 있다.

가토 무쓰키의 사위, 아베 일가와의 관계

2018년 자민당 총재 선거 후에 자민당 총무회장으로 취임한 가토 가쓰노부. 취임 직후인 10월 5일 〈요미우리신문〉에 "'포스트 아베' 가토 가쓰노부 다시 요직에, 총리 신임 두터워"라는 표제를 단 기사가 게재되며, 단숨에 총리 후보로 이름을 올렸다. 그러나 아직 지명도는 그리 높지 않으며, 국민 사이에서도 '어떤 정치인인지 감이 딱 오지 않는다', '얼굴과 이름을 매치할 수 없다'는 사람이 많으리라 본다.

가토는 도쿄 출생으로 그의 아버지인 무로사키 가쓰토시室崎勝聰는 히노자동차공업日野自動車工業 부사장을 역임했다. 가토는 도쿄가쿠에이東京学芸대학 부속 고가네이小金井초등학교·중

학교에 진학하는데, 동창으로는 일본노동조합총연합회日本労働組合総連合会 회장인 고즈 리키오神津里季生가 있다. 두 사람은 하굣길 방향이 같아서 방과 후 함께 집에 가곤 했다고 한다(고즈 리키오와의 대담 〈일하는 방법과 사회보장의 개혁은 "당파"를 넘어서働き方と社会保障の改革は『党派』を超えて〉《신초45》2016년 5월 호).

가토는 도쿄대학 경제학부를 졸업한 후 1979년 대장성에 들어가 경력을 쌓는다. 그 후 자민당의 유력 정치인이었던 가토 무쓰키와의 만남을 계기로 정치인의 길로 들어선다.

애초에 정치인을 꿈꿨던 가토 가쓰노부는 대장성에 강력한 영향력을 행사하던 자민당 세조회장税調会長을 장기간 역임한 가토 무쓰키와 알게 되었고, 그의 눈에 들었다. 그리고 그의 딸(차녀)과 결혼한다. 이어서 '무로사키'에서 '가토'로 성을 바꾼다. 그 후 대장성을 그만두고 가토 무쓰키의 비서가 된다.

가토 무쓰키는 아베 신타로의 신뢰를 얻었기에, '아베파 사천왕'의 필두로 불렸다. 가토가와 아베가는 가족끼리 교류가 깊었고 부인들끼리도 친했다. 여기서 '부인들끼리'란 아베 신조의 어머니인 아베 요코安倍洋子와 가토 가쓰노부의 장모인 가토 무쓰코加藤睦子를 가리키는데, 지금도 두 사람은 자매라고 불릴 정도로 친하다고 한다. 양가의 이러한 깊은 관계가 훗날 가토 가쓰노부의 정치인 인생을 열어젖힌다. 뒤에서도 말하겠지만 가토는 아베 신조 내각에서 중용되어 오늘날 유력 정치인으로서의 입지를 다졌다. 아베 신조와의 관계는 가토 가쓰노부라는 정치인을 생각할 때 가장 중요한 점이라 할 수 있겠다.

아베 내각에서 단숨에 출세하다

애초에 가토가 정치인이 된 길은 순탄하지 않았다. 아베 신타로가 타계한 후 장인인 가토 무쓰키가 권력 투쟁에서 패배하여 자민당을 탈당한다. 1995년 대장성을 나온 가토 가쓰노부는 1998년 참의원 의원 선거에서 오카야마현 선거구에 출마하지만 무소속이었고, 그 결과 낙선한다. 또한 2000년 중의원 의원 총선거에 자유민주당 소속으로 출마하지만, 선거구에서 나오지 못하고 비례대표 주고쿠 블록中国ブロック[2]에서 단독 7위로 낙선하는 바람에 8년간 절치부심하게 된다.

2003년의 중의원 의원 총선거에 비례대표 주고쿠 블록 단독 3위로 자민당에서 출마하여 겨우 당선되었다. 이어서 가토 무쓰키가 몸담았던 세이와카이清和会(구 아베파)[3]가 아니라, 오카야마에서 선출된 하시모토 류타로가 회장을 맡았던 헤이세이

2　일본 중의원 비례대표 선거구를 '블록'이라 칭하는데, '주고쿠 블록'을 포함하여 총 11개가 있다.

연구회平成研究会(구 다케시타파)⁴에 들어간다.

가토는 2007년 제1차 아베 개조 내각이 출범하자 내각부대신 정무관으로 발탁된다. 그러나 같은 해 7월 참의원 의원 통산선거에서 자민당이 대패한다. 같은 해 9월, 아베 개조 내각이 퇴진하고 후쿠다 내각이 출범한다. 가토는 내각부대신 정무관을 유임하게 되지만, 절친한 사이인 아베 신조가 실각하는 바람에 의지할 곳 없는 신세가 된다.

가토는 아베 내각 붕괴를 계기로 설립된 "창생 '일본'創生『日本』"에 가입하여 아베를 지지한다. 이 모임은 '전통·문화를 지킨다', '피폐한 전후 시스템을 재정비한다', '국익을 지키고 국제사회에서 존경받는 국가가 된다'는 지침을 내건 우파 의원 집단으로, 당초에는 나카가와 쇼이치가 회장을 맡았고 2009년부터 아베 신조가 회장으로 취임했다. 가토는 사무국장을 맡아 아베 곁을 지킨다.

2012년 9월에 열린 자민당 총재 선거에서는 아베 신조의

---

3   현재 아베 신조가 속한 파벌로, 회장인 호소다 히로유키 전 간사장의 이름을 따서 '호소다파'로 불린다. 아베 신조의 부친인 아베 신타로 또한 1980년대 후반에서 1990년대 초반까지 이 파벌에 속해 있었고, 그때는 '아베파'로 불리기도 했다.

4   다케시타 노보루 전 총리의 계파로, 다나카 가쿠에이田中角栄 전 총리의 명맥을 잇는 왕년의 명문 파벌이다.

추천인이 되어 복권에 공헌한다. 그 공적을 높이 사서일까. 제2차 아베 내각에서 그는 다른 파벌에 속하면서도 내각관방 부장관에 기용된다. 2014년 5월에는 내각인사국 출범과 함께 초대 내각인사국장으로 임명된다.

가토는 이전부터 행정 기구를 통한 문민 통제의 중요성을 주장했다(〈국민을 위해 명료한 일을 하는 것이 중요国民のための明瞭な仕事を行うことが重要〉《시평時評》 2008년 1월 호). 대장성 출신으로 행정 부처의 운영에 정통한 그는 이때 자신의 능력을 충분히 발휘한다. 능숙한 솜씨로 관료 인사권을 장악하여 관저가 주도하는 국정 운영 시스템을 구축한다. 이에 따라 관료의 '손타쿠'가 단숨에 가속화한다. 한 재무성 간부는 다음과 같이 말했다. "가토 의원이 관저 주도의 인사를 밀어붙이는 것을 보고 쓸데없는 저항은 관두는 게 낫겠다는 사실을 깨달았다."(〈'친구'가 관료를 벨 수 있을까: 가토 가쓰노부 1억 총활약 담당장관 '아베노믹스의 성패' 쥐다「お友達」に官僚が斬れるか—加藤勝信一億総活躍担当相「アベノミクスの成否」握る」〉《THEMIS》 2015년 11월 호)

2015년 10월 7일 출범한 제3차 아베 제1차 개조 내각에서는 내각부 특명 담당대신(저출산 대책, 남녀공동참획) 및 1억 총활약 담당, 여성 활약 담당, 재도전 담당, 납치 문제 담당, 국토 강인화 담당으로서 첫 입각을 이루어낸다. 2016년 8월에는 새로

마련된 '일하는 방식 개혁働き方改革' 담당대신을 겸임한다.

2017년 8월에는 후생노동성 대신으로 취임하지만, 임기 중에 후생노동성에서 데이터를 악의적으로 조작한 사실이 발각되어 국회의 분노를 산다. 현안인 후생노동성 부정 통계 문제로 이어지는 이 사건으로, 정면으로 공격을 받지만 사임으로 이어지지는 않았기에 큰 화는 면했다 할 수 있다. 그 후 2018년 10월 자유민주당 총무회장에 취임하여 현재에 이른다.

위기의 사회화를 지향하다

이제 가토의 이념과 정책을 살펴보기로 하자. 가토는 저서를 한 권도 출간하지 않았기에 그가 무슨 생각을 하는 정치인인지를 체계적으로 파악하기란 힘들다. 따라서 6장에서 다룬 기시다 후미오와 마찬가지로 여러 잡지 등에 게재된 기고문, 인터뷰, 대담을 읽고 분석하는 수밖에 없다.

가토의 가장 큰 특징은 신자유주의가 자민당을 장악한 가운데, 보기 드물게 '위기의 사회화' 정책을 내세웠다는 점에 있다.

2009년에 그는 다음과 같이 말했다.

일본은 가족, 지역사회, 기업이 사회보장의 일부를 담당해온 측면이 있습니다. 그러나 국제화, 경쟁의 극대화와 같은 사회적 움직임

탓에 지난 20년간 그러한 기능이 약화되었습니다. 하지만 우리 사회는 이렇듯 약화한 기능을 미처 보완하지 못하고 있습니다.

따라서 다양한 위기가 닥쳤을 때 개인이 맨몸으로 부딪히는 상황입니다. '파견촌派遣村'[5]이 화제가 되고 있는데, 사실 예전에는 직장을 잃어도 갈 곳이 있었습니다. 현재 일본 사회에서 불안과 우려가 확산하는 배경에는 이러한 사회 변화에 대응하지 못하는 상황이 있다고 생각합니다.

약해진 사회보장 기능을 앞으로 어떻게 보완해갈지 논의하여 새로운 체제를 만들어가야 합니다.

(〈초당파 협의의 장을 설치하여 재원도 포함해서 진지한 논의를: 가토 가쓰노부 씨(자민당 후생노동부 회장)에게 묻다超党派協議の場を設置し財源も含めて真摯に議論を‐加藤勝信氏(自民党厚生労働部会長)に聞く〉《주간 사회보장》 2009년 11월 2일 호)

과거 일본은 다양한 위기 상황에서 가족, 지역사회, 기업 등이 힘을 발휘하여 대처해왔다. 그러나 사회의 유동화에 따라 그 기능이 급속도로 둔화한 탓에 국민이 맨몸으로 위기에 노출되어 있다. 본래 이런 상황에는 행정이 대응하여 사회안전망을 철

---

5   2008년 말, 계약 해지로 일방적으로 해고된 파견 사원을 보호하고자 설치된 시설을 가리킨다.

저히 갖추는 정책을 펼쳐야 옳다. 그러나 신자유주의가 확산되면서 새로운 사회보장제도가 확립되지 못하고 '관에서 민으로'라는 구호 아래 다양한 시장화가 진행되었다.

가토는 이러한 상황에 위기감을 느끼는 인물 중 하나로, 새로운 시대의 사회보장제도 확립에 분명한 의지를 가지고 있다.

1억 총활약 사회의 실현

가토가 전력을 다한 것 중 하나로 국민개보험国民皆保険 제도[6]의 유지가 있다. 그는 다음과 같이 말했다.

> 언제든, 누구든, 어디에서든 의료 서비스를 받을 수 있는 국민개보험은 전 세계에 내놓아도 빠지지 않을 훌륭한 제도입니다.
>
> 〈전국대회에 부쳐: 후생노동성 대신과 3당의 대표자가 인사全国大会に寄せて 厚生労働大臣と3党の代表者が挨拶〉〉

그러나 이 제도는 '진료수가가 매우 낮게 책정되어 있기 때문'에 유지가 곤란한 상태다. '의사나 간호사 등 의료 종사자 개인의 노력으로 겨우 유지'되고 있지만, '개인의 노력에 의존해

---

6   질병이나 사고로 치료를 받을 때 고액의 의료비 부담을 경감하기 위해, 원칙적으로 모든 국민이 공적 의료보험에 가입해야 한다는 제도를 말한다.

서는 제도로서 지속성'이 없다고 본 가토는 진료수가의 재조정을 주장한다(같은 잡지).

후생노동성 대신 시절에는 국민건강보험의 안정화를 꾀하기 위해 공적자금 확충을 주장하며 부담 경감에 나섰다.

이러한 자세의 연장선에 있는 것이 아베 내각이 내세운 '1억 총활약 사회'다. 이는 집단적 자위권 행사 등을 담은 안보 법제의 강행 처리에 따라 떨어진 내각 지지율을 회복하고자 만들어진 것으로, 선거를 겨냥했다는 측면을 부정할 수는 없다. 어쨌든 가토는 담당대신으로서 이 정책을 주도한다.

그는 "성장과 분배의 순환을 통해 새로운 사회·경제 시스템을 구축해나가는 것이 '1억 총활약 사회'가 뜻하는 바"라고 말하며, 재분배 강화를 통한 경제성장 촉진을 호소한다. 강력한 성장을 위해서도 사회적 약자들이 "꿈이나 희망을 지니고 가정과 지역사회, 직장 등에서 한 발 더 앞으로 내디딜 수 있는 사회"가 되어야 한다고 말한다(도쿠가와 이에히로德川家広와의 대담〈'공'을 살다(후편) 「公」を生きる〉《경제계経済界》 2016년 2월 9일 호).

이런 취지에서 2016년 6월에는 다음 세 가지 계획을 목표로 내건다.

① 전후 최대의 명목 GDP 600조 엔

② 희망 출생률 1.8

③ 부모의 병 수발로 인한 이직 0

가토가 가장 중요시한 것은 이 중 '희망 출생률 1.8'이다. 현대 일본 사회의 가장 큰 문제는 저출산·고령화와 인구 감소가 틀림없다. 인구가 감소한다는 것은 소비자가 줄어듦을 의미한다. 그렇게 되면 향후 경제 규모가 줄어들 것이라는 불안과 비관론이 대두되어 소비나 설비 투자가 멈춘다. 이 불안을 떨치기 위해서는 희망 출생률을 높여야 한다. 그렇다면 어떻게 해야 할까.

우선은 '육아 지원'의 내실화다. 또한 대기 아동 문제를 해결하기 위해 보육 시설의 확충과 보육사의 처우 개선이 필요하다. 가토는 이를 위한 예산을 늘리고자 했다. 나아가 미래의 임금 전망을 개선하기 위해서는 고용 안정이 필요하다는 점을 호소하고 노동 환경을 개선하는 일을 모색한다. 이는 뒤에서 다룰 '일하는 방식 개혁'으로 이어진다.

아동 빈곤의 해결

가토는 아동 빈곤의 해결도 강하게 주장해왔다.

최근 일본에서는 아동의 상대적 빈곤율이 사상 최고치를 기록했다. 여섯 명 중 한 명의 아동이 빈곤 상태라고 한다. 이 사태를 방치하면 결국 국가 발전을 저해하게 된다. 따라서 가토는 아동 빈곤 문제를 위한 대책이야말로 미래에 투자하는 길이라고 말한다.

아동 빈곤의 원인을 살펴보면, 아이를 홀로 키우는 여성들의 일자리 문제가 먼저 떠오른다. 그들 중 80.6퍼센트는 일을 하고 있는 것으로 집계되지만, 사실상 절반 이상이 비정규직이다. 이들의 평균 연봉 역시 약 181만 엔으로 낮은 수준이다. 또한 생활보호를 받으며 아이를 홀로 키우는 여성 가운데 약 4분의 1이 장애가 있거나 질병을 앓고 있어서 제대로 된 지원이 필요한 상황이다.

가토는 다음과 같이 말한다.

아동 빈곤 문제를 해결하기 위해서는 일하는 방식을 개혁하여 비정규직 노동자의 처우를 개선하거나 남녀 임금 격차를 해소하는 등 직접적으로 관련이 없어 보이는 정책도 포함하여 다양한 정책을 융합한 종합적인 대책을 펼쳐야 한다.

(〈아동 빈곤 대책: 한 사람 한 사람이 일본의 미래를 짊어지기 위하여子供の貧困対策―人ひとりが日本の未来を支えていくために〉《국제문제国際問題》2016년 12월 호)

또한 아동의 사회적 포용에도 눈을 돌릴 필요가 있다. 가토는 '어린이 식당'이나 '학습 지원'에 주목하여 어린이들이 거할 곳을 제공하는 사업을 내실화해야 한다고 역설한다.

> 일본에서 아동 빈곤을 없애려면 국가와 지방 공공 단체를 통한 지원은 물론, 이러한 아동들을 고립시키지 않으려는 민간의 노력이 필요하다. 지역 어른들이 관심을 주고 포용하는 환경을 만들어가는 것이 중요하다.

(전술,《국제문제》2016년 12월 호)

'일하는 방식 개혁'을 주도, 임금 인상을 중시

가토는 1억 총활약 담당대신으로서 아베 정권이 추진하는 '일하는 방식 개혁'을 주도했다.

우선은 장시간 노동 관행을 바로잡고 '동일가치노동 동일임금'을 도입하고자 했다. 나아가 비정규직의 처우를 개선하고 불합리한 대우 격차를 시정함으로써 중간층을 두껍게 만드는 것을 목표로 했다. 이를 통해 소비를 확대하고 경제의 선순환을 촉진한다는 계획이다.

일본에서는 15세부터 65세까지의 '생산연령인구'가 1990년대부터 꾸준히 감소했으나, 최근 들어 취업인구가 늘고 있다. 이는 여성과 고령자 중에서 노동자가 늘었기 때문이다.

여성과 고령자가 일할 수 있는 환경을 더욱 정비해나가면, 아직 일하고자 하는 생각을 지닌 분들이 많기에 취업인구를 한층 늘려갈 여지가 있다고 할 수 있습니다.

(〈일하는 방식 개혁이 일본의 미래를 연다働き方改革が日本の未来を拓く〉《중앙공론中央公論》2016년 12월 호)

더욱이 중요한 것은 이른바 '워·라·밸'을 지키기 쉬운 환경을 만드는 일이다. 가토는 근무 시간을 단축하면 자기 계발과 기분 전환에 쓸 시간이 늘어서 혁신이 쉽게 일어날 것이라고 말한다. 이를 위해서는 재택근무를 추진하고 통근 시간을 단축하기 위해 노력해야 한다. 또한 지금까지 노동시장에 나오지 않았던 사람들이 참여함으로써 다양성이 커진 결과, 생산성이 높아진다고 주장한다.

한 사람 한 사람이 일하기 쉬운, 다양성을 지닌 사회를 만듦으로써 노동 참가율도 올라가는 가운데 저출산·고령화라는 문제에 정면으로 맞서서 인구 감소라는 험난한 길에서 빠져나간다.

(전술,《중앙공론》2016년 12월 호)

가토는 임금 인상의 중요성을 강조한다. 임금 인상을 통해 소비를 확대하고 경제의 선순환을 가져올 수 있다는 것이다.

일본노동조합총연합회(이하 연합) 회장 고즈 리키오와 진행한 대담에서는 '춘투春鬪'[7]에 대한 기대를 내비치고 있다.

이번 춘투에서는 기대할 점이 많습니다. 연합은 연합대로 생각이 있겠지만 우리는 윗사람이 높으면 아래도 끌어당겨 주리라고 생각합니다. 그렇게 전체적으로 임금이 오르는 것이지요. 경영자 측에도 이미 부탁한 부분인데, 반드시 실현되기를 바랍니다. 만약 이것이 선행되지 않는다면 경제 자체가 움직이지 않으리라고 생각합니다. (고즈 리키오와의 대담 〈일하는 방법과 사회보장의 개혁은 "당파"를 넘어서働き方と社会保障の改革は「党派」を超えて〉《신초45》 2016년 5월 호).

임금은 대기업에서만 인상되는 것으로 그쳐서는 안 된다. 중소기업의 임금도 올라야 하고 이를 위해서는 "적정한 거래가 이루어질 필요가 있다"고 말한다.

고즈는 몇 가지 유보를 하면서도 "사고방식 자체는 가토 의원과 일치하는 부분도 많다고 생각합니다"라고 인정했다.

7　　춘계 임금 투쟁을 말한다.

일관되게 소비세 증세 주장

한편, 소비세에 관해서는 일관되게 10퍼센트로의 증세를 주장한다. 2009년에는 사회보장비의 증가를 뒷받침할 재원으로서 소비세 증세가 불가피하다고 말하며 "스웨덴처럼 각 당이 공통 인식을 지니고 논의해야 하며, 초당파적으로 협의할 장을 시급히 마련해야 한다"고 민주당 정권에 호소했다(〈초당파 협의의 장을 설치하여 재원도 포함해 진지한 논의를: 가토 가쓰노부 씨(자민당 후생노동부 회장)에게 묻다〉《주간 사회보장》2009년 11월 2일 호).

2011년에도 "소비세는 현재로서는 10퍼센트를 바라봐야 한다"고 말하며, 재원을 확보해야 한다고 밝혔다. "소비세 논의에서 도망치면 아무것도 해결할 수 없다는 것은 자명하다"고 말하며, 자민당 정권에 소비세 증세를 촉구했다(〈재원 없이 고령자 의료의 재검토는 없다財源なくして高齢者医療の見直しなし〉《주간 사회보장》2011년 1월 3일 호).

10퍼센트로 증세하자는 그의 주장에는 여전히 변함이 없다. 2018년 1월에는 "'사회보장의 내실화'는 예정대로 소비세율을 10퍼센트로 인상한 것에 따른 수입 증가분을 활용하여 실시할 생각입니다"라고 밝혔다(〈지속 가능한 사회보장제도로: 의료·개호는 재원을 확보持続可能な社会保障制度へ 医療·介護は財源を確保〉《사회보험순보社会保険旬報》2018년 1월 11일 호).

소비세 증세는 소비에 브레이크가 걸려 경기에 큰 타격을 줄 수도 있다. 이 때문에 소비 확대를 촉진하면서 소비세 증세를 고집하는 자세에는 다양한 이론異論이 있을 것이다.

가치를 둘러싼 입장은 드러내지 않다

살펴본 것처럼 가토의 특징은 '위기의 사회화'라는 비전을 가진 데 있다. 이들 정책에 관해서는 자민당 내에서 가장 잘 알고 있는 정치인 중 한 사람으로, 구체적인 실행의 핵심을 맡아온 당사자이기도 하다.

한편으로 가토의 또 다른 특징은 부부 별성이나 성 소수자의 권리 문제, 역사 인식 문제 등 '가치'를 둘러싼 정치 과제에 대해 거의 관심을 드러내지 않는다는 점에 있다.

앞서 말했듯 그는 아베를 중심으로 하는 우파 그룹 "창생 '일본'"에 가입했으며, 민주당 정권 시절에 이 모임의 좌담회에 참석해 다음과 같이 말했다.

> 왜 일본 사회에, 국민에게 부부 별성이 필요한가. 왜 외국인 참정권을 부여해야 하는가와 같은 근본적인 문제에 대해 민주당은 답하지 않고 있습니다.
>
> (〈폭주 내각을 저지하라!: "창생 일본" 대좌담회暴走内閣を阻止せよ！—「創生日本」

이 발언을 바탕으로 이나다 도모미稻田朋美 중의원 의원은 "부부 별성은 좌익이라서, 외국인 참정권은 민단이 선거에서 응원해서"라고 발언하여, 좌담회는 선거를 위해 나라를 파는 좌익 집단으로서 민주당을 인식하는 방향으로 수렴해간다. 이 좌담회에는 아베도 출석하여 좌익을 신랄하게 비판한다.

이때 가토는 아베나 이나다의 의견에 호응하는 형태에서 때때로 우파 권위주의적 발언을 했지만, 대체로 감정을 억제하며 가치관을 적극적으로 표명하지는 않았다. 다른 장소에서도 내가 아는 한은 가치관을 둘러싼 문제에 적극적으로 발언한 적이 없다.

외교·안보 문제에 관해서도 발언한 경우가 거의 없어서 무언가 부족하다는 느낌을 지울 수 없다. 헌법에 관해서도 가토의 종합적인 견해를 알기는 어려워서 불안이 남는다.

총리를 목표로 한다면 향후 가치 문제에 관한 입장을 명확히 할 필요가 있으리라.

'아베'스러운 권위주의에서 벗어날 수 있을까

그렇다면 가토는 좌표축에서 어느 지점에 위치하는 인물일까?

세로축은 '위기의 사회화'에 위치시킬 수 있겠지만, 가로축은 발언 자체가 한정된 까닭에 판단이 서지 않는다. 따라서 I과 II의 중간인 세로축 선상에 놓을 수밖에 없다.

가장 큰 문제는 가토가 아베의 우파적·가부장적 가치관에 대해 어떤 견해를 지니는가다. 만약 가치관을 공유한다면(즉 I에 위치시킨다면) '위기의 사회화' 노선도 아슬아슬한 측면이 있다.

가령 그가 담당한 '여성 활약 추진' 정책을 살펴보자. 가부장적인 가족관을 토대로 한다면 여성이 짊어져야 할 부담이 방대해져서 활약은커녕 피폐해질 것은 불 보듯 뻔하다.

집에서는 집안일, 육아, 병 수발을 들고 사회에서는 노동 인구 부족을 메우기 위해 안간힘을 쓰며 일한다. 엄마로서, 아내로서 그리고 노동자로서 어디에서든 애써야 하는 것이다. 그런 가부장적인 '여성 활약 추진'은 사회를 더욱 피폐하게 만들 것이다.

가토의 과제는 아베가 지닌 권위주의에서 거리를 둘 수 있느냐에 달려 있다. 가토 가쓰노부는 가토 무쓰키의 사위가 된 시점에서 아베와 가문 간의 친분을 쌓게 되었고, 지금까지는 아베 신조라는 배경을 통해 유력 정치가로서의 포지션을 구축해왔다.

그런 아베에 대해 어디까지 거리를 두고 자신의 비전을 펼칠 수 있을까? 가치관을 둘러싼 문제에 대해(특히 가족관과 역사 인식을 둘러싸고) 다른 입장을 제시할 수 있을까?

바로 그것이 가토 가쓰노부라는 정치인에게 부여된 중요한 과제이리라. 그가 앞으로 '아베 신조의 유능한 부하'에서 벗어 날 수 있을지 주목해야 하겠다.

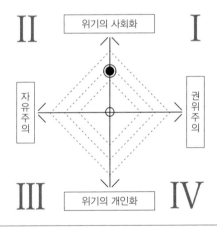

- 가치를 둘러싼 정치 과제에 거의 관심을 보이지 않는다
- 외교·안보 문제, 헌법에 관해서는 발언이 적다
- 자민당에서 '위기의 사회화' 정책에 관해 가장 잘 아는 한 사람

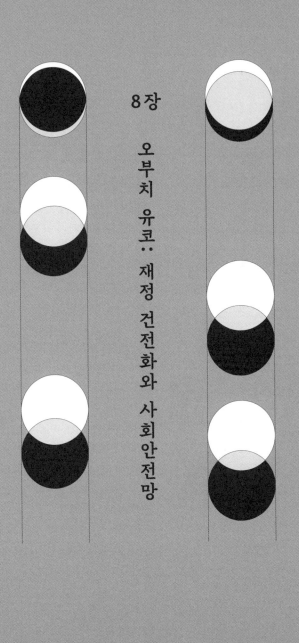

8장

오부치 유코: 재정 건전화와 사회안전망

오부치 유코

중의원 의원. 자민당. 군마현群馬県 제5
구. 7선. 1973년 12월 11일 군마현 출생.
1996년 세이조成城대학 경제학부 경영
학과 졸업. 도쿄방송東京放送, TBS 입사.
1999년 중의원 의원 비서. 2000년 중
의원 의원 첫 당선. 2006년 와세다대
학 대학원 수료, 문부과학성 대신 정무
관. 2008년 내각부 특명 담당대신(저출산
대책·남녀공동참획·공문서 관리·청소년 문
제·식육食育[1]). 2010년 자민당 인사위원
장. 2011년 자민당 간사장 대리. 2012년
재무성 부대신(제2차 아베 내각). 2013년
중의원 문부과학 위원장. 2014년 경제
산업·산업경쟁력·원자력경제피해·원
자력손해배상·폐로 등 지원기구 담당대
신(제2차 아베 개조 내각).

2015년 10월 20일, 군마에서 기자회견.

---

1   식생활도 교육해야 한다는 개념으로, 일본에서는 2005년 국민의 식생활
개선을 위해 '식육기본법'이 제정되었다.

오부치 전 총리가 끔찍이 아낀 딸

경제산업성 대신직에 있던 2014년, 정치자금 규정법 위반으로 자리에서 물러난 오부치 유코. 선거를 제외하고는 화려한 바깥 무대에 좀처럼 모습을 드러내지 않고 있지만, 다케시타파에서는 여전히 차기 총리 후보로 거론되고 있다. 그가 본격적으로 시동을 걸기만 하면 주목을 받는 건 시간문제이리라.

　　오부치 유코는 1973년에 태어났다. 부친은 84대 내각총리대신인 오부치 게이조다. 그는 삼 남매 중 막내딸로 태어났고 어린 시절부터 성격이 활달했다고 한다.

　　그런 딸을 부친은 끔찍이도 아꼈다. 유치원생 때는 가족끼리 식탁에 둘러앉으면 "저는 방금 소개받은 오부치 유코입니

다"라고 복창하게 했다. 오부치 유코 또한 그런 부친을 깊이 사랑했다. 초등학생 때는 상처난 발에 아버지가 붙여준 반창고를 조심히 떼어서 보물상자에 넣어 간직했다. 긴 머리를 빗으로 빗어 묶어주는 것은 부친의 일이었다. 두 사람이 서로를 아끼는 마음은 오부치 유코가 성인이 되고 나서도 이어졌다(아키야마 노리코秋山訓子 〈현대의 초상: 중의원 의원 오부치 유코現代の肖像 衆議院議員小渕優子〉《아에라アエラ》 2010년 8월 16일 호).

대학 졸업 후 TBS에 입사했다. 취직한 지 2년 후, 정보 프로그램인 〈하나마루마켓はなまるマーケット〉의 AD로 일할 때(1998년), 부친이 총리에 취임한다.

일하는 틈틈이 총리 관저에 찾아가면 부친은 와이셔츠 차림으로 피로에 절어 안마 의자에 몸을 기대고 있었다. "최근 들어 침대에서 눈을 붙인 적이 없다"고 걱정하는 모친을 보고, 부친 가까이에서 힘이 되어야겠다는 사명감을 품는다. 그렇게 TBS를 퇴사하고, 부친의 비서가 된다.

정치인이 된 후 오키나와와 깊은 관계를 맺었던 부친은 그곳에서 서밋을 개최하기로 하고, 2000년 여름을 목표로 준비에 들어갔다. 오부치는 해외에서 방문하는 내빈을 맞이하기 위해서라도 유학 경험이 필요하다고 생각해 2000년 1월부터 반년 예정으로 영국 유학을 시작했다.

그때 부친이 뇌경색으로 쓰러지며 급히 입원한다(2000년 4월 2일). 오부치는 소식을 듣고 서둘러 귀국하는데, 파리에서 손에 넣은 일본어 신문에서 '뇌경색', '병세 심각', '집중 치료실'이라는 글자가 눈에 들어와 드골공항에서 가슴을 치며 울었다고 한다(오부치 유코 〈"범인제상" 오부치 게이조 쓰러지다凡人宰相」小渕恵三倒る〉《문예춘추》2004년 4월 호).

귀국 후 병실에서 간호를 시작한다. 그러나 아버지의 의식은 돌아오지 않았다. 모리 요시로가 총리 자리를 이어받았고, 해산 총선거가 다가왔다. 부친의 후원회에서는 의식이 돌아오지 않는 부친 대신 친족이 입후보하기를 촉구한다. "언니는 점잖고, 오빠도 사람들 앞에 나서기를 좋아하는 성격이 아니다."(하야시 마리코林真理子, 오부치 유코 〈마리코의 이런 것까지 물어도 될까(256): 게스트 오부치 유코(중의원 의원)マリコのここまで聞いていいのかな(二五六)―ゲスト 小渕優子(衆議院議員)〉《주간 아사히》2005년 3월 11일 호) 그 결과 막내인 오부치 유코에게 눈길이 쏠렸고, 결국 그는 입후보를 결심한다. 친족 회의에서 입후보를 선언한 지 이틀 후, 부친은 숨을 거둔다.

2000년 6월 중의원 의원 총선거에서 군마현 제5구에 출마해 16만 표 이상을 얻으며 첫 당선의 기쁨을 누린다. 이때 그의 나이 스물여섯이었다.

오부치는 순조롭게 출세하여 2008년 9월에 출범한 아소 내각에서는 내각부 특명인 남녀공동참획, 저출산 대책 담당대신으로 취임한다. 만 서른넷의 나이에 대신으로 취임하는 것은 전후 최연소였다. 민주당 정권 시절에는 야당을 경험한 후, 2012년 12월에 출범한 제2차 아베 내각에서는 재무성 부대신으로 취임한다. 중의원 문부과학 위원장을 거쳐 2014년 9월에는 경제산업성 대신·내각부 특명 담당대신(원자력손해배상·폐로 등 지원기구)으로 발탁된다. 그러나 정치자금 문제가 불거지자 스스로 사임하며 순조로웠던 정치 인생이 순식간에 반전된다. 맹렬한 비판도 쏟아졌다.

그러나 선거에 대단히 강해서, 역풍 속에서도 승리를 이어가다가 2017년 8월에 당조직운동본부장 대리로 취임한다. 당의 요직으로 복귀한 것이다.

사회안전망 확충에 따른 저출산 대책

정치인 오부치 유코의 핵심 정책은 남녀공동참획과 저출산 대책에 있다. 오부치는 두 아이의 어머니로서, 육아와 의원 생활을 병행해왔다. 그 경험이 정치인으로서의 활동에 직결된 것이다.

애당초 여성 정치인이 임기 중에 임신·출산하는 것은 남성 중심의 분위기가 강한 나가타초永田町[2]에서는 터부시되었다.

2000년에 하시모토 세이코橋本聖子가 현역 국회의원으로서는 두 번째로 아이를 출산했는데, 임신 발표 후 출산휴가를 인정할 것인가를 두고 논의가 벌어지며 일부에서 극심한 공격이 이어졌다. 그러나 출산에 따른 본회의 결석을 승인하는 참의원 규칙 개정이 이루어지며 실질적인 국회의원의 출산휴가 제도가 시행된다. 오부치의 출산은 그로부터 불과 몇 년 후였으므로, 아직 국회에서 널리 이해되는 상황이 아니었다.

오부치는 고이즈미 내각의 우정 민영화 법안 투표에서 기권한 탓에 "잠시 직무에서 물러나게 되었"지만, 2006년에 문부과학성 정무관으로 취임하여 "메이저에 복귀"한다. 그러나 그 직후에 임신 사실을 알게 되어 "충격"을 받았다고 한다. "이제부터 다시 시작한다고 마음을 다잡은 참"이었기에, 이런저런 활동을 할 수 없게 된다는 생각에 "공포"를 맛보았다(〈나가타초 걸즈는 정치를 바꿀 수 있을까永田町ガールズは政治を変えるか〉《세카이世界》 2010년 11월 호).

하지만 이 출산·육아 경험이 오부치의 정치인 인생을 새롭게 연다. 아침 일찍 일어나서 집안일을 한 후 아이를 어린이집에 데려다주고, 낮에는 정치 활동에 종사하다가 저녁이 되면 아

---

2   국회의사당과 총리 관저가 소재한 지역으로, '정계'를 뜻하는 말로도 통용된다.

이를 데리고 와서 다시 집안일을 했다. 이렇게 육아와 일을 함께 고민하는 한 사람의 워킹맘이 되었을 때, 지금껏 거리감이 있었던 같은 세대 여성들로부터 공감과 지지를 얻었고, 이 문제를 정치인으로서의 필생의 과업으로 삼게 되었다.

일단 중의원 의원 중에 육아를 하는 정치인이 거의 없다. 유식자회의有識者会議[3] 역시 마찬가지였다. 그렇기에 워킹맘들의 목소리가 전해지기 어려웠다.

아침에 일어나 아이를 돌보고 어린이집에 데려다준 후 직장으로 향하는 것. 일하는 여성에게는 지극히 당연한 일과겠지만, 나가타초에서 이는 엄청난 소수파에 속합니다. 저출산, 생활, 개호 등 앞으로 모든 정책에서 여성이 주축이 되어, 심지어 이 시대에서는 두 배의 속도로 생각해야만 하는데도 국회에는 여성의원이 10퍼센트밖에 되지 않습니다.

(전술, 《세카이》 2010년 11월 호)

그러한 문제의식을 강화해나갈 때 오부치에게 큰일이 주어진다. 아소 내각에서 저출산 대책 · 남녀공동참획 담당대신에

---

3 정부에 정책 제언과 자문을 전달하는 각계 전문가들의 모임을 말한다.

취임한 것이다.

1999년에 남녀공동참획 사회기본법이 통과되는데, 이를 시행한 것이 오부치 정권이었다. 10년 후에 자신이 담당대신으로 취임한 것을 두고, 그는 운명이라고 여겼다.

오부치는 저출산 대책 추진에 박차를 가한다. 이때 부딪힌 벽이 청년층의 미혼화, 만혼화라는 문제였다. '기존의 저출산 대책은 이미 결혼해서 아이를 낳은 사람에 대한 지원이 중심'으로, 눈에 띄는 성과로 이어지지 않았다. 문제는 결혼하고 싶어도 할 수 없는 사람들의 존재였다. 우선은 결혼할 기회를 잡지 못하고 열심히 일하다 문득 정신을 차리니 적령기를 넘겨버린 경우가 눈에 띄었다. 이 배경에는 지연, 직연, 혈연이 기능하지 않는 사회의 변화, 커뮤니티의 붕괴가 있었다. 그런데도 각 개인의 노력이 부족해서 결혼하지 못한다고 생각하는 사람이 많았다. 오부치는 결혼을 못 하거나 늦게 하게 되는 것이 청년의 잘못이 아니라고 생각하여 행정이 주체가 된 결혼지원 제도를 추진한다(〈Interview 내각부 특명 담당대신(저출산 대책·남녀공동참획) 오부치 유코內閣府特命担当大臣(少子化対策·男女共同参画) 小渕優子〉《주간 다이아몬드週刊ダイヤモンド》 2009년 8월 1일 호).

나아가 청년층의 고용 문제에 눈을 돌린다. 90년대 이후 비정규직이 증가하여 안정된 수입이 없어 결혼하지 못하는 사람

이 늘었다. 한편 대학 등의 학비가 올라서 학자금 대출을 갚느라 허덕이는 등 청년층의 경제적 부담이 크다는 현실이 있었다(가쓰마 가즈요勝間和代, 오부치 유코 〈대담 가쓰마 가즈요의 변혁의 인물 (제11회) 저출산 문제의 어려움: 솔직히 한계를 느낍니다 대신으로서 어떻게 설득할지 고민하고 있습니다對談 勝間和代の変革の人(第十一回)少子化問題の困難─正直限界感じてます 大臣としてどう発信するか悩んでます〉《아에라》 2009년 4월 6일 호).

이 대목에서 오부치가 제창하는 것이 사회안전망의 내실화다. 한부모 가정에 대한 지원, 아동 빈곤 방지 등 경제적 지원의 필요성을 주장하는 동시에 어린이집의 내실화와 의료비 부담의 경감 등 육아와 일을 양립할 수 있는 환경 정비를 중시한다(오부치 유코, 세이미야 류清宮龍 〈대담: 정당 자신이 기능을 다하라 – 지금의 정치를 생각하다對談 政党自身が機能を果たせ – 今の政治に思う〉《세계와 일본 世界と日本》 2010년 7월 15일 호).

현대 사회에서 20대 후반부터 30대는 한창 일할 나이다. 그런 시기에 여성이라는 이유로 일과 육아 중 하나를 선택해야만하는 사회는 어딘가 잘못되었다. 이는 자신의 경험에서 도출된 문제의식이었다(아오키 다모쓰青木保, 오부치 유코 〈문화의 교차점: 아오키 다모쓰·문화청 장관 대담(제21회) 게스트 오부치 유코 – 내각부 특명 담당대신 미래를 똑바로 바라보며, 세계로 날갯짓하다文化の交差点 青木保

• 文化庁長官対談(第二十一回) ゲスト小渕優子さん―内閣府特命担当大臣 未来を見据え、世界に羽ばたく〉《문화청월보文化庁月報》2009년 4월 호).

왜 육아는 여성만의 일로 치부되는가. 모두가 관여해야 하지 않을까. 이런 생각을 하게 된 오부치는 저출산 대책은 모자복지 정책이 아니라는 주장과 연계하여 남성을 포함해 일하는 방식을 재정비하는 방향으로 나아간다.

집안일·육아에는 남성의 참가가 필수인데도 그들의 일하는 방식이 전혀 변하지 않기에 현실적으로 참여가 어렵다는 현실이 있다. 이를 위해서는 우선 장기간 노동의 폐해를 시정해야 했다.

오부치의 특징은 자민당 안에 있으면서도 육아 문제를 가족의 바람직한 형태라는 규범으로 끌어들이려 하지 않는 점이다. 어쨌든 가족의 다양성을 인정한다. "어머니는 이래야만 한다"라는 가부장적인 이데올로기에 따라 육아 문제를 다루기를 거부하며, 성적 편견을 해소해간다. 이런 태도는 대신직에서 벗어난 후에도 이어지며, 오부치의 필생의 과업이 되었다.

재정 건전화 주장, 소비세 증세도 부득이

오부치의 관심은 저출산 대책 등에 필요한 재원 문제로 향한다. 부친은 총리 시절, 적자 국채 발행에 따른 공공사업을 추진하며

'세계 제일의 채무왕世界一の借金王'이라고 자조했다. 오부치는 재정 건전화의 필요성을 통감하여, 부친이 이루지 못한 과제에 도전한다.

오부치는 지속 가능하며 동시에 굳건한 경제를 만들어야 한다고 주장하고, 그러기 위해서는 소비세 증세가 어쩔 수 없는 선택이라는 견해를 제시한다.

굳건한 재정 건전화의 길을 열 필요가 있다고 생각합니다. 일본은 복지 사회를 구축해야 하므로 복지를 내실화하기 위해서는 반드시 재원이 필요한데, 그 재원을 어떻게 확보할까요?

(전술,《세계와 일본》2010년 7월 15일 호)

한편 2013년 10월에는 아베노믹스의 성과를 전국에 파급시키기 위한 '일본을 활기차게 만드는 국민 운동日本を元気にする国民運動' 실시 본부장으로 취임하여 아베노믹스의 대변자로서 광고탑과도 같은 역할을 수행했다(〈권두 인터뷰: '일본을 활기차게 만드는 국민 운동' 실시 본부 오부치 유코 본부장─선순환 실현으로 일본을 활기차게!「日本を元気にする国民運動」実施本部 小渕優子本部長 好循環実現へ 日本を元気に!〉《리부루ㄹ ぶる》2014년 5월 호).

오부치는 아베 내각에 헌신한 공적으로 높은 평가를 받아 경제산업대신에 취임한다. 하지만 취임 후 불과 한 달 만에 정치 자금 문제가 불거지며 사임하는 바람에 뜻을 채 이루지 못했다.

오부치에게 남겨진 과제는 아베노믹스의 기반인 신자유주의적 측면과 복지 정책의 내실화를 양립시킬 논리를 제시하는 것이며, 그 가운데에서 재정 건전화를 실행할 방안을 찾아내는 것이리라. 한편 경제 정책에 관해서는 구체성이 없고, 주장을 통합할 이론적 토대도 희박하다.

부부 별성 추진, 자유주의적 가치관

다음으로 가치관 문제에 관해 살펴보자. 오부치는 2002년 '부부 별성을 실현시키는 모임夫婦の別姓を実現させる会'에 참여하여 다양한 곳에서 선택적 부부 별성 제도의 도입에 찬성한다는 견해를 표명했다. 자신이 결혼할 때는 남편이 '오부치'라는 성을 받았다. 하야시 마리코와의 대담에서는 2005년 당시 혼인신고를 하지 않고 사실혼 관계를 유지하고 있던 노다 세이코와 생각하는 바가 어떻게 다르냐는 질문을 받고 다음과 같이 대답했다.

사실혼이어도 상관없었지만 저는 가능한 한 지금 정비된 법의 테두리 안에서 인정받을 수 있는 형태를 취하고자 했습니다. 노다 세이코 의원과는 부부 별성을 위해 함께 노력하고 있지만 띠동갑 정도의 나이 차가 나므로 결론짓는 방법에서 차이가 나는지도 모르겠네요.

(전술, 《주간 아사히》 2005년 3월 11일 호)

선택적 부부 별성에 대한 입장에서 볼 수 있듯, 오부치는 다양성을 중시하는 관점을 가지고 있다. 자민당이 정권 교체에 따라 야당이 되었던 시절, 오부치는 패배의 원인을 다양화하는 시대의 변화에 대응하지 못했기 때문이라고 간주하며 세대교체와 여성의 사회 참여를 추진해야 한다고 주장했다.

자민당은 선거만 생각하는 탓에 다양한 의견을 받아들이지 않는다. 코앞에 닥친 일만 논의하느라 중장기적인 비전을 그리지 못하는 현실을 오부치는 냉정하게 지적했다(전술, 《세계와 일본》 2010년 7월).

이와 같은 오부치의 주장을 종합하면 Ⅱ 유형의 정치라고 할 수 있다. 저출산 대책·육아 정책을 중심으로 사회안전망의 내실화를 주장하는 점에서 '위기의 사회화'를 지향한다는 사실을 알 수 있다. 선택적 부부 별성에 찬성하는 점과 다양성을 존중하는 점에서는 '자유주의'를 지향함을 엿볼 수 있다.

다만, 내용이 빈약하다. 자신의 경험에 기반한 남녀공동참획·저출산 대책·육아 정책에 관해서는 확실히 설득력이 있다.

비전도 명료하고 정책에도 구체성이 있다. 그러나 그 외의 분야에서는 뚜렷한 주장을 갖고 있지 않아, 총리 후보로 간주하기에는 아직 경험도 지식도 부족한 듯 보인다.

정치자금 문제가 터진 지 약 5년. 그동안 대외적으로는 큰 목소리를 내지 않았기에 어떻게 갈고닦으며 공부했는지 알 수 없다. 시간적 여유를 가졌던 지난 나날, 얼마나 경륜을 쌓았는지가 오부치 유코라는 정치인의 앞날과 직결할 것이다.

슬슬 복귀에 시동을 걸 것으로 예상되는 가운데, 오부치의 발언과 주장을 계속해서 주시하고자 한다. 정치인으로서 성장한 모습을 보일 수 있는지의 여부가, 오부치의 명운을 좌우할 것이다.

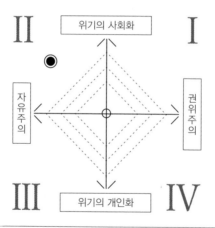

- 남녀공동참획·저출산 대책·육아 정책에 설득력
- 자유주의 지향이지만 내용이 빈약하고, 경험과 지식이 필요
- 신자유주의와 복지 정책을 양립시킬 논리 제시가 과제

9장

고이즈미 신지로: '자조,의 한계

고이즈미 신지로

중의원 의원. 자민당. 가나가와현 제11
구. 4선. 1981년 4월 14일 가나가와현 요
코스카시橫須賀市 출생.

2006년 컬럼비아Columbia대학 대학원
수료. 미국 전략국제문제연구소 연구
원. 2007년 고이즈미 준이치로 중의원
의원 비서. 2009년 중의원 의원 첫 당
선. 2012년 자민당 청년국장. 2013년 내
각부 대신 정무관 겸 부흥대신 정무관
(제2차 아베 내각). 2015년 자민당 농림
부 회장. 2017년 자민당 필두 부간사장.
2018년 자민당 후생노동부 회장.

2018년 9월 14년. 자민당 본부 토론회.

요코스카 출신, 운동선수 기질

미래의 총리 후보로 거론되는 고이즈미 신지로. 부친은 두말할 필요 없이 유명한 고이즈미 준이치로 전 총리다.

자민당의 젊은 의원이자, 때로는 아베 정권을 향해 대담하게 비판적 견해를 피력하여 지방 순회 연설에서 압도적인 인기를 끌었다. 한편, 이 정도로 주목받는 기대주이면서도 어떤 생각을 지닌 정치인인지는 국민에게 그다지 알려지지 않았다. 각지에서 행한 연설을 살펴봐도 혹하는 짧막한 문구만 내세우는 탓에 어떤 비전을 지닌 인물인지 확실히 알기 어렵다.

그도 그럴 터. 고이즈미는 자신의 생각을 정리한 저서를 한 권도 출간하지 않았다.

논픽션 작가가 그의 말을 모은 책이나, 자민당의 후쿠다 다 쓰오小泉進次郎 대의사와의 대담집(다자키 시로田崎史郎《고이즈미 신지로와 후쿠다 다쓰오小泉進次郎と福田達夫》2017년, 문예춘추)은 출간되었으나 본인이 쓴 책은 아니다. 자신의 생각을 모은 논문이나 보고서 등도 거의 없는 것이나 다름없어서, 좀처럼 전체적인 그림을 파악하기가 어렵다. 여기에서는 고이즈미가 다양한 매체에서 말한 인터뷰 기사 등을 토대로 그의 사상과 비전을 밝혀 나가고자 한다.

고이즈미는 1981년 요코스카시에서 2남 중 차남으로 태어났다. 형인 고이즈미 고타로小泉孝太郎(배우)보다 세 살 어리다. 태어난 지 얼마 되지 않아 부모가 이혼했기에 고모인 고이즈미 미치코의 손에 길러졌다. 고이즈미가 태어났을 때, 부친은 이미 요코스카를 기반으로 한 정치인(9년 차)이었다. 고이즈미는 미군기지가 주둔한 항구도시에서 자랐기에 정치에 입문한 후에도 미군에 대한 공감을 드러냈다.

초등학교 입학부터 대학 졸업까지 간토가쿠인関東学院에 다녔고, 중학교와 고등학교에서는 야구부에 들어가 활동했다. 이때 그는 '철저한 상하 관계'를 경험한다. 선배가 말한 것은 틀려도 "네"라고 말해야 했으며, 부탁받은 일은 거절하지 못했다. 이때 몸에 밴 행동 원리가 정치인이 된 후에도 영향을 주었다고 한다.

설사 그것이 불합리한 요구라 해도 그 상하 관계에서 견뎌냈다고 해야 할까요. 그 상하 관계를 배운 경험은 정계에 입문한 지 이제 반년 남짓 되었지만, 운동을 하지 않았더라면 다양한 고민 또는 불합리한 감정에 대해 한층 더 스트레스를 느끼는 일이 많았으리라 생각합니다.

(〈고이즈미 신지로가 처음 말하다: 내 청춘, 내 자민당小泉進次郎が初めて語る わが青春、わが自民党〉《WiLL》 2012년 9월 호)

나중에 살펴보겠지만 이 '마초'스러운 근성이 그의 기본적 특징이며, 이는 정치 비전과 인간관에도 반영된다.

미국에서 '재팬 핸들러'에게 영향받다

고이즈미 신지로라는 정치인을 분석할 때 매우 중요한 것은 대학 졸업 후 가졌던 약 3년간의 미국 유학 시절이다. 그는 컬럼비아대학 대학원에 진학하여 일본 정치를 전공으로 하는 제럴드 커티스Gerald Curtis 교수를 사사했다. 이 시절에 어느 정도 영어를 익혔으며, 사람들 앞에서 자신의 생각을 말하는 기술도 습득한다. 그리고 매우 중요한 것이 유학 3년째에 일했던 CSIS(전략국제문제연구소)에서의 경험이다.

이 기관은 워싱턴 D.C.에 있는 미국 육해군 직계의 싱크탱

크로, 일본 외교에 막대한 영향력을 행사해온 리처드 아미티지 Richard Armitage 등이 이사로 있었다. 고이즈미가 일하던 때의 일본 부장은 마이클 그린Michael Green으로, 부시 정권의 NSC(국가 안전보장회의) 아시아 담당 선임국장이다. 고이즈미는 이곳에서 재팬 핸들러의 대표적 인물과 교류하며 영향을 받는다. 재팬 핸들러는 일본의 유력 정치인과 접촉하여 미국이 이익을 얻는 방향으로 그들을 유도하는 것으로 잘 알려져 있다. 고이즈미의 외교·안보관은 이런 경험을 통해 친미적인 경향을 띠게 된다.

나중에 언급하겠지만, 그는 부친과 마찬가지로 미국의 의향에 맞는 구조개혁·규제완화 노선을 기조로 한다. 이런 태도역시 CSIS에서의 경험을 빼놓고 생각할 수는 없으리라.

귀국 후 고이즈미는 부친의 비서를 맡았고, 선거 기반을 물려받는 형태로 2009년 중의원 선거에 출마한다.

민주당 정권에 대항하여 '자조'를 강조

이 선거는 자민당에게 엄청난 타격이었다. 고이즈미 내각 이후 아베 내각·후쿠다 내각이 단명하고, 전 세계적으로 리먼 쇼크에 따른 빈곤·양극화가 큰 문제로 대두되었다. 자민당이 취해온 신자유주의 노선이 신랄하게 비판받았다.

한편 자민당 내부에도 거센 바람이 불었는데, 혹독한 세습 비판이 일었던 것이다. 그중 대표적인 인물이 스가 요시히데로, 그는 선거에서 '세습 제한론'을 주장했다.

민주당으로의 정권 교체에 대한 기대와 자민당 비판, 그리고 세습 비판. 이런 분위기 아래 고이즈미는 첫 선거를 치러야 했다. 선거 중에는 발을 밟거나 페트병을 던지는 사람도 있었다. 때로는 눈앞에서 명함을 찢었고, 연설하는 중간에 "시끄러!", "세습 반대"라고 야유도 받았다. 고이즈미의 귀에는 다양한 모독과 욕설이 들어왔고, 이를 두고 "하나하나 상처였다"고 말한다(전술, 《WiLL》 2012년 9월 호).

선거 결과, 고이즈미는 당선되었지만 자민당은 참패하여 민주당으로 정권 교체가 이루어진다. 고이즈미는 야당 의원으로 정치인 인생을 시작한다.

고이즈미가 여당인 민주당을 비판하는 구도로 정치 생활을 시작한 데에는 중요한 의미가 있다. 그는 사회안전망 강화(=공조公租)나 새로운 공공·사회적 포용(=공조共助)을 강조하는 민주당에 대한 대항으로서 '자조'를 우선해야 한다고 강조했다.

우선 스스로 도우려 하는 '자조'가 기본인 나라를 만들고, 그래도 안 된다면 민간과 힘을 합쳐 '공조共助'를 구축하고, 그래도 아직 모자란다면 '공조公租'로 국가가 확실히 보살펴야 한다는 것이었다(고이즈미 신지로, 다자키 시로田﨑史郎 〈고이즈미 신지로 첫

롱 인터뷰: "자민당은 아직 야당인 채로 있어도 된다自民党はまだ野党のままでいい"》《문예춘추》2010년 12월 호).

2010년 2월 27일에 군마현 안나카시安中市에서 행한 연설에서는 다음과 같이 말했다.

> 민주당은 이렇게 정치를 합니다. "여러분, 저희가 무엇을 하기를 바라십니까? 이것도 할게요. 저것도 할게요. 뭘 바라는지 말만 해주세요. 재원은 나중에 찾으면 되니까요."
>
> 그렇다면 자민당은 어떤 국가를 만들고 싶은 것일까요? "이것도 하고 싶고, 저것도 하고 싶습니다. 하지만 그걸 하기 위해서는 여러분의 노력이 필요합니다."
>
> (마쓰이 가즈시松井和志, 〈고이즈미 신지로, 이렇게 말했다: "공약이야말로 예산 공개심의를 시행하자『マニフェストこそ事業仕分けせよ』"〉《신초45》 2010년 5월 호)

나아가 그는 "적당한 노력으로는 적당한 행복도 손에 넣을 수 없다"고 말한다. 오늘날 일본은 어지간히 노력해서는 발전할 수 없다. "열심히 노력해야 어떻게든 성장할 수 있는" 상태가 되었다. 그러므로 일단 죽기 살기로 닥치는 대로 노력해야 한다고 고이즈미는 주장한다(전술,《문예춘추》2010년 12월 호).

그의 관심은 같은 세대로 향한다. 최근 젊은이는 '초식계'라고 불리며, 내향적이라고들 한다. 딱히 차를 갖고 싶은 마음도 없다. 외국에서 땀 흘려 일하고 싶지도 않다. 국내에서 그럭저럭 일해서 안정된 생활을 즐기길 원하는 젊은이가 많다고 하는데, 고이즈미는 그래서는 행복 따위는 얻을 수 없다고 역설한다.

더욱 노력해야 한다. 목숨 걸고 임해야 한다.

이러한 그의 태도에는 운동부 경험이나 미국에서 홀로 유학 생활을 견딘 경험이 반영되었다고 할 수 있겠다. 자신의 노력과 성공 체험에 대한 자부심이 민주당을 향한 비판과 어우러져서 '자조'를 강조하는 정치 비전으로 이어진다. 이것이 그가 가진 기본적인 특징이다.

원전에 대한 모호한 태도,
아버지는 '우정', 아들은 '농협'

2009년 10월 고이즈미는 대중적 인기와 연설력을 높이 사서 자민당 유설遊說[1] 국장 대리에 취임한다. 그리고 2010년 7월 치른 참의원 선거에서 당 승리에 공헌하더니, 같은 해 9월에 유설 국장으로 승격한다.

---

1 지방 순회 연설을 가리킨다.

또한 2011년 10월에는 젊은이들의 등용문인 당 청년국장으로 발탁되어 국 내에 '팀 일레븐'[2]을 세운다. 이를 통해 재난 지역을 찾아다니며 복구 지원에 힘을 쏟았다.

자민당이 다시 정권을 잡고 아베 내각이 출범하자, 2013년 9월 청년국장에서 물러나 내각부 대신 정무관(경제재생, 경제재정, TPP 등을 담당) 겸 부흥대신 정무관으로 취임한다. 이때 자민당의 재해 복구에 대한 정책을 홍보하는 역할을 맡는다.

문제는 원전 정책이다. 고이즈미는 원전 추진을 말하지 않는다. 오히려 미래에는 원전을 폐기해야 한다는 방향성을 내세우고 있다. 하지만 언제까지, 어떤 과정으로 탈원전 사회를 실현할지에 관해서는 구체적인 정책을 제시하지 않고 있다. 이 점은 탈원전을 선명히 내세운 부친보다 꽤 신중하고 애매하다.

고이즈미는 2015년 10월 자민당 농림부 회장에 취임한다. 젊은 그에게 큰 자리였고, 그와 동시에 매우 어려운 자리였다. 이 무렵 자민당은 TPP 문제로 각지의 농업 유관 단체로부터 반대 입장을 명확히 취하도록 압박을 받고 있었다. 그러나 미국과

---

2 정식 명칭은 '자민당 청년국 TEAM-11'이다. 자민당 청년국이 동일본대지진 피해 지역의 복구를 지원하기 위해 2012년 2월에 만든 그룹이다. 역대 자민당 청년국장, 청년국 국회의원과 전국 11블록의 대표가 다양한 재해 피해를 입은 지역을 방문해 당사자의 이야기를 직접 듣고 피해 지역을 실제로 살펴서 향후 활동에 활용했다.

의 관계를 중시하는 아베 정권은 TPP를 추진하여 자민당 내에서도 의견 차이가 발생한 상태였다.

고이즈미는 일관되게 TPP를 지지해왔다. 2011년 11월 당시 다니가키 사다카즈谷垣禎— 자민당 총재가 TPP에 관하여 "미국과 너무 가까운 나머지 중국이나 아시아를 배제하는 것은 좋지 않다"고 발언하자, 고이즈미는 "귀를 의심했다"고 반론하며 노골적으로 반대를 표명했다. 여기에는 미국의 재팬 핸들러에게 영향을 받은 부분이 있는지도 모른다.

그런 그가 TPP에 저항하는 농업인들을 고려해야 하는 부처의 회장으로 취임함에 따라 귀추를 주목받았다. 고이즈미는 TPP로 일본의 농가가 피해를 입는 것이 아니라, 오히려 농산물을 해외에 팔 기회가 많아지는 것이라고 주장하며 TPP에 지지 않을 국제 경쟁력을 갖춘 농업을 지향해야 한다고 주창했다.

1993년 우루과이라운드[3]에 대한 대책은 농가를 대상으로 한 '퍼주기'였지만 이번에는 그 반대로 해야 한다고 말한다. 보조금을 통해 농업을 지나치게 지키는 것이 아니라, 경쟁 원리를 적용함으로써 강한 농가를 만드는 것이 핵심이라고 주장한다 (고이즈미 신지로, 가나야마 류이치 〈독점 인터뷰 고이즈미 신지로 자민

3　자유무역 확대, 다각적 무역의 촉진을 목적으로 시행된 제8차 무역협상. 그 결과 세계무역기구WTO가 출범했다.

당 농림부 회장: 농림중앙금고는 필요 없다, 농업의 "호송선단"을 개혁한 다独占インタビュー小泉進次郎 自民党農林部会長 農林中金はいらない 農業の " 護送船団 " を改革する〉《이코노미스트》2016년 2월 2일 호).

이때부터 고이즈미는 농업에 대한 구조개혁을 향해 도전을 시작한다.

부친은 철저히 우정 민영화를 고집했고, 고이즈미는 '농협' 개혁에 메스를 들이댄다. 두 사람의 바탕에 깔린 생각은 다르지 않았던 것이다. 고이즈미가 일관되게 목표로 한 것은 지속 가능하며 '돈을 버는 농업'이었다. 농업을 보조금을 통해 지키는 것이 아니라, 오히려 성장 산업으로 탈바꿈하여 글로벌 시대에 대응해야 한다고 생각했다.

고이즈미는 농업에 종사하는 이들 스스로 '농업 경영자'라는 관점을 가져야 한다고 호소한다.

일본에서는 '농업agriculture'과 '농업 관련 산업agribusiness'이 결합하지 못하여 경영자적 시각이 결여되어 있다. 농업 관련 산업은 덤이라는 인식이 강하기에 민간자본이 농업 분야에 뛰어드는 것도 좋게 보지 않는 시각이 있었다.

그러나 고이즈미는 "경작과 비즈니스는 적군도 아군도 아니"라고 말하며 둘이 하나를 이루는 발전의 길을 모색해야 한다고 강조한다. 그리고 기업의 농업 참여를 적극적으로 장려하

고, 그러한 환경을 조성하는 것이야말로 국가의 역할이라고 말한다(《본지 독점 인터뷰! 고이즈미 신지로가 도전한다: "농정 개혁" 세 개의 공약本誌独占インタビュー！小泉進次郎が挑む「農政改革」三つの公約》《주간 다이아몬드》2006년 2월 6일 호).

그는 "모든 농가를 지키려다가 모든 농가를 지키지 못했다"는 가토 고이치의 말을 종종 인용하면서 일률적인 농업 정책을 비판한다. 일본의 농업은 누군가 혼자서 도드라지는 것을 용납하지 않고 경쟁보다는 협동을 중시한다. 그 결과, 농가의 눈이 소비자를 향하지 못하고 요구에 부응하지 못한다는 것이다. 생산자 기점의 농정에서 소비자 기점의 농정으로 전환을 꾀하는 것이 중요하다. 그렇게 함으로써 품질이 뛰어난 식품을 만들어 세계와 승부해야 하고 글로벌 시장에서 돈을 벌 수 있는 체제를 구축해서 브랜드 파워를 길러야 한다.

이러한 '공격적인 농업'을 확립하면 지방에서도 돈이 되는 일을 만드는 것이 가능해지고 인구 감소를 막을 수 있다. 농업법인의 경영을 뒷받침하고, 이런 회사에 취업하는 사람이 늘어나는 것이야말로 진정한 지방창생 정책이라고 고이즈미는 주장한다.

그러나 이러한 '돈이 되는 농업'을 저해하는 존재가 있다고 말하는데, 고이즈미가 활을 겨눈 것이 바로 농협이다.

그는 세 가지 개혁 포인트를 들어, 농협에 대한 엄격한 자세를 명시했다.

첫째, '농기계·비료·농약·종이 상자 등 생산 자재가 비싸다'는 점이다. 지방에 따라서는 농기계 등을 농협보다 마트에서 구매하는 편이 더 싸기 때문에 농협을 통하면 결과적으로는 생산 단가가 높아진다. 따라서 농협이 독점 상태를 해체하고 가격 경쟁이라는 시장원리를 도입함으로써 생산 자재 가격을 내릴 필요가 있다고 고이즈미는 주장한다.

둘째, '농업금융' 개혁이다. 그에 따르면, JA그룹의 농림중앙금고(이하 농림중금)는 90조 엔이 넘는 예금 잔고를 보유하고 있어서 규모로 치자면 3대 대형은행 다음(네 번째)이다. 심지어 내부 유보도 많다. 그런데도 농업 융자로 돌아오는 것은 0.1퍼센트로, 일본의 농업 진흥에 기여하지 못하고 있다. "그렇다면 농림중금 따위는 필요 없습니다", "농업을 재정비하여 정말로 필요로 하는 농가에 자금이 돌아가도록 정비해야 합니다"라고 말한다(전술, 《주간 다이아몬드》 2016년 2월 6일 호).

이 '농림중금 해체론'은 고이즈미 준이치로의 우정 민영화 정책과 겹치는 점이 많다. 둘 다 배후에는 미국이 있다. 채무국으로 전락한 미국은 해외에 저축된 부를 노리고 자국에 환류시키는 정책을 취해왔다. 이때 타깃이 된 것이 '우정자금'이고, '농협자금'이다.

이 '농림중금 해체론'은 역시나 억지고 무리한 이야기였는지, 인식이 부족하다는 지적을 연달아 받자 단숨에 절충하는 방향으로 내용이 바뀐다.

셋째는 유통·가공의 구조개혁이다. 고이즈미는 널뛰는 시장 가격에 휘둘리지 않는 '정가 판매'가 가능한 상품을 만들어야 한다고 주장했다. 농가는 농작물 생산뿐 아니라 식품 가공이나 유통 판매를 함으로써 경영 체력을 강화할 수 있다. 여기에도 농가에 대해 경영자가 되도록 촉구하는 입장이 반영되어 있다.

이러한 농협 개혁은 최종적으로 JA전농(전국농업협동조합연합회)의 주식회사화 추진으로 수렴한다. 그러나 JA전농은 이를 단호히 거부하여 대립이 첨예화한다.

JA전농은 '자기개혁안'을 제시하여 자재 조달에 경쟁 입찰 등을 도입하는 시스템을 구축하고 직판을 확대하는 방안을 제시한다. 이는 개혁 포즈를 취하기만 하는 알리바이용이라는 이야기를 들으며, 고이즈미의 개혁안을 빈껍데기로 만드는 것이었다.

그 결과, 고이즈미는 구체적인 성과를 거의 얻지 못하고 2017년 8월 농림부 회장에서 물러난다. 농업 저널리스트인 도몬 다케시土門剛는 "'바보짓'의 연속"이라고 혹평하며 농협을

악인으로 만들어냄으로써 개혁이 좌절된 점을 맹렬히 비판했다(도몬 다케시 〈농림부 회장으로서는 미숙: 고이즈미 신지로 "전농 전쟁"에서 패배한 진상農林部会長としては未熟 小泉進次郎 「対全農戦争」で敗れた真相〉《THEMIS》 2017년 2월 호).

고이즈미의 농업 구조개혁은 결국 자민당 내에서도 지지를 모으지 못하고 큰 좌절을 맛보았다.

'아베노믹스는 시간 벌기에 지나지 않는다'
– 도쿄 올림픽 후를 바라보다

고이즈미가 농정 개혁과 함께 매달린 것이 사회보장 개혁이었다.

그는 2014년 시점에서 "아베노믹스는 시간 벌기에 지나지 않는다"고 밝히며 2020년 도쿄 올림픽·패럴림픽 후에 다양한 문제가 일본을 덮칠 것이라고 전망했다. 핵심은 인구 감소와 사회보장 문제. 고이즈미는 이대로라면 재정이 바닥나서 복지 정책을 지속할 수 없다는 위기감을 표명했다(다키모토 데쓰후미瀧本哲史, 고이즈미 신지로 〈도쿄대생을 앞에 두고 다키모토 데쓰후미와 대담한 일본의 최우선 과제 백열 90분!: 고이즈미 신지로東大生を前に瀧本哲史と語った日本の最優先課題 白熱90分! 小泉進次郎〉《프레지던트》 2014년 6월 16일 호).

문제는 2016년 참의원 선거 전(2015년 12월)에 일어났다.

이때 아베 정권이 추가경정예산을 꾸려 저소득층 고령자

에게 3만 엔의 지원금을 주기로 결정했다. 재무성은 육아 지원에 관해 지금껏 '재원'이 없다고 계속 말해왔으나 고령자에게는 3,620억 엔이나 되는 거액의 예산을 통 크게 계상했다. 야당은 "선거를 위한 선심 쓰기"라고 반발했는데, 고이즈미도 이에 동조하여 "다음 세대를 위한 사회보장"이 아니라고 말하며 아베 내각을 비판했다.

당시 정조회장은 이나다 도모미. 그는 고이즈미에게 추경 예산을 실시하는 대신, 당내에서 다음 세대를 위한 사회보장의 바람직한 모습을 검토하는 장을 마련할 것을 제안하며 '2020년 이후의 경제재정 구상 소위원회'가 발족한다. 고이즈미는 사무국장으로 취임하여 사회보장 문제에 힘쓴다.

고이즈미는 사회보장을 둘러싼 재정의 문제에 주목하였다. 연금이나 의료 보험료를 부담하는 현역 세대가 감소하는 한편, 고령자가 증가함으로써 지급액이 팽창하고 있다. 최근에는 단카이 세대가 65세를 맞이하여 의료비가 더욱 늘어나게 되어 재정 전망은 한층 어두워지고 있다.

이 현상은 젊은 층일수록 부담액이 커져 세대 간 격차가 더욱 벌어지게 된다. 젊은이는 손해를 보고 현재 일하는 세대가 착취당하는 형태가 된다. 그렇게 되면 당연히 젊은 층의 미지불이 증가하여 장래 연금 지불을 위해 모아둔 적립금으로 충당해야만 하는 상황에 빠진다.

고이즈미는 현재를 '주식회사 일본의 제2창업기'로 자리매김하고, 인식 전환을 촉구한다. 일단 지금의 사회보장은 "전 세대형' 사회보장이 아니다." "너무도 고령자를 우선시하고 있"기에 "젊은 세대가 수익자가 되어 있지 않다. 육아 지원 등에 세금이 돌아가지 않으면 저출산은 점점 더 심각해진다. 이래서는 안 된다"고 말한다(고이즈미 신지로, 고바야시 후미아키小林史明, 무라이 히데키村井英樹 〈고이즈미 신지로 등 자민당 젊은 의원이 격론: 고령자 대우 시정해야, 사회의 "원리"를 바꾼다小泉進次郞氏ら自民党·若手議員が激論　高齢者優遇の是正へ、社会の『原則』を変える〉《닛케이비즈니스》 2017년 5월 1일 호).

고이즈미는 "15세부터 64세까지를 현역 세대로 간주하는 것을 그만두자"고 제안한다. 65세 이상이라는 고령자의 정의를 개정하여 현역 세대의 상한을 끌어올림으로써 수입이 있는 고령자층의 경우에는 세금을 계속 부담하도록 해야 한다는 것이다.

'100세 시대의 사회보장으로'

이러한 생각을 토대로 소위원회가 정리한 것이 '100세 시대의 사회보장으로'라는 제언이었다. 여기에서는 주로 세 가지 핵심이 제시된다.

첫째가 '근로자 전원 사회보험제도'의 도입이다. 정규직이든 비정규직이든 상관없이 기업에서 일하는 모든 노동자가 사회보험에 가입할 수 있도록 하는 것이다.

둘째가 '인생 100년형 연금'이다. 연금 지급 개시 연령을 유연하게 선택할 수 있도록 하여 일하는 동안에는 보험료를 납입한다. 70세가 넘어도 일할 수 있는 사람은 지급을 늦출 수 있게끔 하자는 것이다.

셋째는 '건강 골드면허'의 도입이다. 건강 관리·유지에 힘써온 사람의 보험료 부담을 경감함으로써 의료비를 줄이자는 것이다.

이에 더해 2017년 3월에는 '어린이 보험' 도입을 제안한다. 기업과 근로자가 모은 사회보험료를 0.1~0.5퍼센트 덧붙여서, 이것을 재원으로 현행 아동수당을 월 5,000~25,000엔 증액하여 지급하는 것이다.

이를 통해 유아교육·보육의 실질 무상화를 꾀하는 것이 목적이었으나, 한편 자민당은 이와 동시에 '교육 국채' 발행을 검토하는 프로젝트팀을 설치하여 '어린이 보험'과 병행하여 논의가 진행된다.

고이즈미는 '교육 국채'에 강하게 반발한다. 국채는 항구 재원이 아니다. 더는 국채를 늘려서는 안 되며 재정 건전화를 추진해야 한다는 것이다.

여기에서 고이즈미는 '자조'의 한계에 부딪힌다. "맞벌이 가정이 늘고, 지역사회의 연대가 약해지는 상황에서 육아를 부모와 가족의 자조에만 맡기는 것은 어렵습니다." 결국 자조에만도 공조共助에만도 의지하는 것이 어렵다. 부모, 가족, 커뮤니티만으로는 육아를 해결할 수 없다. 그렇다면 "사회 전체가 따뜻하게 육아를 도맡아야" 하거나 "공조公助"에 의해 육아 지원을 해야 한다고 고이즈미는 주장한다(다무라 노리히사田村憲久, 기하라 세이지木原誠二, 고이즈미 신지로〈'어린이 보험'이 필요하다: 교육국채는 말도 안 된다, 소비세로는 너무 늦는다「こども保険」が必要だ: 教育国債はありえない、消費税では遅すぎる〉《문예춘추》 2017년 7월 호).

이에 대해 고이즈미 내각과 제1차 아베 내각의 브레인이기도 했던 경제학자 다카하시 요이치高橋洋一는 재정 건전화를 우선하려는 재무성의 책략에 빠져 있다고 비판한다.

다카하시는 '어린이 보험'을 '위장 증세'라고 비판하며 '교육 국채'를 저지하고자 하는 재무성의 의도가 작용했다고 경고한다. "육아 지원에 대해 세금을 재원으로 하고 싶지만, 세금을 쓰면 여론의 반발이 있으므로 보험료의 이름을 바꾸어 국민으로부터 징수하려는 속셈이 탄로난 것이다. 보험이라는 명칭을 쓴 것은 일본인이 보험을 좋아하는 특성을 악용한 것으로 보인다.", "재무성으로서는 '교육 국채'를 '어린이 보험'과 맞물려서

자민당을 '증세'로 가져가고자 하는 것으로 보인다."(다카하시 요이치 〈재무성이 고이즈미 신지로를 이용하여 '위장 증세'를 감행했다: 자민당 젊은 의원의 '어린이 보험' 제언에는 교묘한 트릭이財務省が小泉進次郎を使い「偽装増税」を仕掛けた 自民党若手議員の「こども保険」提言には巧妙なトリックが〉《THEMIS》2017년 5월 호)

위기의 개인화에 중점을 두고
격차·빈곤을 시정

고이즈미는 가치 문제에 대해서는 어떠한 경향성을 지니고 있을까.

그는 역사 인식이나 선택적 부부 별성 등에 대한 명확한 발언을 극도로 피하고 있다.

2014년, 2017년의 중의원 선거 당시 실시한 〈아사히·도쿄대 다니구치 연구실 공동조사〉에서는 무응답을 선택했다. 내가 아는 한 잡지 인터뷰 등에서도 해당 이슈와 관련해서는 거의 언급이 없으며 말을 하더라도 지극히 범위를 한정해서 입장을 선명히 드러내지 않는다.

야스쿠니 신사에는 매년 8월 15일에 참배하고 있지만, 그 이유에 대해서도 뾰족한 언급은 없다.

고이즈미의 관심은 오로지 사회보장과 농정 구조개혁을 향해 있으며, 가치 문제에는 적극적인 관심을 드러내지 않는다. 총리 후보로서의 미래를 고려한다면 슬슬 입장을 명확히 해야 할 시기이리라.

그렇다면 고이즈미는 좌표축 어디에 위치할까?

고이즈미는 경쟁 원리를 중시하며 '자조'를 강조하므로 세로축은 '위기의 개인화' 경향을 나타낸다고 할 수 있다. 한편으로 가치 문제에 대해서는 불명료하기에 '어느 쪽도 아닌' 정중앙에 표시할 수밖에 없다.

따라서 그의 위치는 Ⅲ과 Ⅳ의 중간(세로축 선상)이 된다. 이는 부친인 고이즈미 준이치로와 대체로 같은 위치다. 두 사람은 다소의 정책적 상이점은 있으나 큰 틀에서 보면 같은 유형의 정치가라고 할 수 있겠다. 부친의 신자유주의 노선에 따라 발생한 양극화·빈곤 문제를 '위기의 개인화'에 무게를 두면서 시정해 가는 것이 고이즈미 신지로의 기본 입장이라고 할 수 있으리라.

농정 개혁에서의 좌절. 좀처럼 정책에 반영되지 않는 사회보장 제언. 고이즈미의 경험 부족과 실적 부족은 부정할 수 없다.

잘하는 분야가 한 곳으로 치우쳐 있는 것도 신경 쓰인다. 외교·안보 면에서는 미국뿐 아니라 아시아 국가들과의 인적 네트워크도 구축해야 한다. 인도와는 CSIS 시절부터 관계를 지속적으로 구축하고 있지만, 아직 국제적 인맥도 편차가 있어 보인다. 경제 정책에 관해서도 명확한 비전이나 입장을 제시하지 못한 채 불안한 상태다.

높이 평가할 만한 것은 일본 전국을 대상으로 한 유설·시찰을 통해 날것 그대로의 수많은 목소리를 들어왔다는 점이다. 그것을 통해 '자조'의 한계를 이해하고 재해 지역과 과소 지역에서 곤경에 처해 있는 사람들의 모습을 직접 눈에 담은 것은 정치인으로서의 폭을 넓히는 것으로 이어지리라.

고이즈미가 해야 할 일은 자신의 종합적 비전을 정리해서 책을 써 보는 것이 아닐까. 정치인이 된 지 십 년이 지난 기념할 만한 시기이므로, 구체적인 총리 후보로 간주될 이후 십 년을 향해 부족한 분야를 메워가는 작업이 필요할 것으로 보인다.

지금 고이즈미에게 필요한 것은 개별적으로 추구해온 정책을 합하는 종합적 지식을 획득하는 일이다.

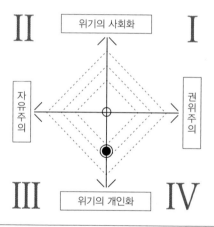

- 경쟁 원리를 중시하며 자조를 강조. 위기의 개인화
- 가치 문제에 관해서는 불명확. 부친 고이즈미 준이치로와 같은 입장
- 외교·안보 면에서 미국에 치우침. 경제 정책이 불명료

나오며

우리는 무엇을 선택해야 하는가

보수 본류는 I 과 II의 융합체였다

현재 자민당에 소속된 아홉 명의 유력 국회의원에 관해, 그 비전과 정책을 살펴보았다. 마지막으로 그들의 역사적 위치를 점검해보려 한다.

자민당에서 보수 본류라고 불리는 흐름은 기본적으로 '중도 보수' 노선에 있었다. 그 핵심을 이어온 것은 다나카파田中派→게이세이카이経世会→헤이세이켄平成研(헤이세이연구회)으로, 1970년대 이후 다나카 가쿠에이, 다케시타 노보루, 하시모토 류타로, 오부치 게이조와 같은 총리를 배출했다. 이를 뒷받침한 것이 고치카이다. 1970년대 이후, 오히라 마사요시, 스즈키 젠코鈴木善幸, 미야자와 기이치가 총리가 되었다.

다나카 가쿠에이는 '위기의 사회화'를 추진한 정치인이었다. 1973년에 다나카 정권이 내세운 것은 '복지 원년福祉元年'이라는 슬로건이다. 노인 의료비 무상화(70세 이상 고령자의 자기 부담 무료화), 고액 의료비 제도의 도입, 건강보험 피부양자의 급부율 인상, 급부 수준으로의 연금 대폭 인상, 물가 연동제·임금 연동제 도입 등 사회보장의 대폭적 제도 확충을 추진하였다.

그 배경에 자리한 것은 경제성장에 따른 인력 부족으로, 농촌에서 도시로 계속해서 인구가 유입되어 지방의 자민당 지지표가 줄어든 현상이 있다. 급증한 도시 노동자로 인해 사회당 지지율이 높아져서 1967년에는 마르크스 경제학자인 미노베 료키치美濃部亮吉가 도쿄 도지사 선거에서 승리했다. 각지에서는 혁신 지자체가 탄생했다. 다나카는 자민당의 위기에 대응해 도시 노동자에 대한 재분배 확충, 복지 내실화를 추진하여 자민당의 지지 기반을 도시에서도 구축하려 했다.

그와 동시에 힘을 기울인 것이 '열도 개조'라는 사회 기반 정비였다. 도시의 과밀을 해소하고 지방 발전을 촉진하기 위해 도시와 지방을 연결하는 철도망과 고속도로망을 정비하고 공업을 지방으로 분산시키려 했다. 당연히 공공사업은 확대되고 재정 지출은 점점 늘어났다.

이렇듯 다나카가 행한 정치는 전형적인 '이익 유도 정치'였기에 부패가 뒤따랐다. 업계 단체와의 유착 구조나 농촌 위계질서를 기반으로 한 '불투명한 재분배'가 행해져서 때때로 뒷돈이 오갔다. 다나카 가쿠에이 자신도 '록히드 사건'[1] 당사자로서 규탄받았고, 정권은 붕괴했다.

다나카 가쿠에이의 절친한 벗으로서 70년대 정치를 견인한 이가 고치카이의 오히라 마사요시다. 그는 자유주의적 보수 정치가로 '전원도시 국가구상'이나 '환태평양 연대구상' 등 중장기적인 비전을 내세우며 새로운 비전을 제시했다. 다나카파가 I유형의 경향이 강한 데 반해, 고치카이는 II유형의 경향이 강했다. 다나카파와 고치카이가 연대한 보수 본류 노선은 기본적으로 I과 II유형의 융합체이기에 '위기의 사회화'를 기조로 했다.

'작은 정부'론의 등장

그러나 동시에 1970년대는 전 세계적으로 급변하는 시기이기도 했다. 제1차 석유파동에 따라 선진국들의 성장이 둔화하여 세수가 감소한다. 나아가 급격한 고령화·저출산화가 진행되자

---

1   1976년 미국 군수업체인 록히드사가 일본 정부의 고위 관리에게 뇌물을 준 사건. 당시 총리였던 다나카 가쿠에이가 체포되는 등 이른바 '다나카 신화'를 무너뜨린 결정적인 정경유착 사건이다.

사회보장을 억제해야 한다는 의견이 나오게 되었다.

보수 본류 세력은 세수 문제에 주목한다. 경제성장의 성과에 따라 재분배가 가능했던 시기에는 괜찮았지만, 성장이 주춤해지자 확충된 복지 제도나 공공 사업을 지탱하기 위해서는 증세가 필요해졌다. 이때 그들이 궁리해낸 것이 소비세 도입이었다. 다나카 가쿠에이도 오히라 마사요시도 소비세 도입을 추진했으나 잘 되지 않았다. 최종적으로 이를 실현한 이는 다나카를 대신해서 게이세이카이를 세운 다케시타 노보루였다.

1980년대에 들어서자 재계와 대장성이 복지 억제를 지향한다. 1981년에 출범한 제2차 임시 행정조사회는 '증세 없는 재정 건전화'와 '일본형 복지사회론'을 제창하며 '작은 정부' 노선에 따른 사회보장제도의 재검토를 요구했다. 그 결과 1982년에 노인보건제도가 실시되어 환자 본인의 일부 부담 도입 등이 추진된다. 1985년에는 기초연금제도가 도입되어 급부 수준이 내려갔다.

이 '위기의 개인화' 경향이 자민당 안에서 세력을 획득한 것이 나카소네 야스히로 내각이었다. 나카소네는 국철·전전공사·전매공사의 민영화를 실행하고, 사회복지 예산을 억제했다. 그러나 나카소네 내각에 따라 신자유주의가 도입되었다는 말은 지나친 감이 있다. '위기의 사회화'에서 '위기의 개인화'로 이동하는 하나의 기점이 된 것은 사실이나, 여전히 재분배 기능은 굳건했다.

1980년대 후반부터 1990년대 초반에 이르러서는 정치개혁을 향한 목소리가 활발해진다. 리쿠르트 사건이나 사가와규빈佐川急便 사건 등 다양한 비리 사건이 사회 문제로 떠오른다. 그러자 이익 유도형 재분배 정책이 신랄한 비판을 받게 된다.

문제는 이 정치개혁 노선이 '재분배의 투명화'가 아니라 '재분배의 축소'로 이어졌다는 점이다. 정·관·재政官財의 유착 구조에 따른 권위주의적 재분배가 비판받고 정치자금 규정법의 대폭 개정 등이 추진되었지만, 그와 동시에 '불투명한 재분배의 공정한 제도화'가 추진된 것이 아니라 재분배 그 자체를 축소하려는 흐름이 지배적이었다.

이때 대두된 것이 하시모토 류타로 내각의 행정개혁이다. 1997년에는 '공공공사의 비용삭감 대책에 관한 행동지침'이 관계 각료회의에서 의결되었고, 이듬해에는 행정개혁 추진본부 아래 규제완화 위원회가 설치된다. 또한 중앙부처 등 개혁 기본법이 통과되어 대담한 부처 재편이 추진된다.

이 '위기의 개인화' 노선은 쉽게 정착된 것이 아니다. 그다음인 오부치 게이조 내각에서는 '복지 중시'를 내건 공명당과 연립을 꾀함으로써 태도를 바꾸어 재정 확대로 가닥을 잡고,

1인당 2만 엔씩 '지역진흥권'을 배부하고 공공공사를 확대하는 정책 등이 추진되었다. 오부치 게이조는 스스로 '세계 제일의 채무왕'이라고 말하며 하시모토 내각이 추진하던 기조를 수정했다. 1990년대 후반의 자민당은 '위기의 사회화'와 '위기의 개인화'가 옥신각신 경쟁하며 길항 상태 속에서 움직여 나간다.

신자유주의(Ⅲ)에서
일본형 신보수주의(Ⅳ)로

이 경쟁에 종지부를 찍은 것이 고이즈미 준이치로 내각이다. '고이즈미 구조개혁'은 급진적이고 명확한 Ⅲ 유형의 신자유주의 노선이다. 하시모토 내각이 합의를 중시하며 '위기의 개인화'를 추진한 데 반해, 고이즈미 내각은 독단형으로 대립을 부추기는 방법을 통해 Ⅲ 유형의 노선을 단행했다.

고이즈미는 Ⅰ·Ⅱ 노선에 '낡은 자민당'이라는 딱지를 붙이고 '자민당을 깨부술 것'이라고 외침으로써 포퓰리즘적 인기를 얻었다. 그는 '위기의 사회화'를 주창하는 사람들을 '저항 세력'이라고 명명했고, 반대로 자신을 '개혁 세력'이라는 자리에 놓음으로써 지지를 유도했다.

다만 고이즈미는 가치관 문제에는 관심을 보이지 않았기에 헌법 개정 등에도 관여하려 하지 않았다. 야스쿠니 신사 참배가 문제가 되었으나, 이것도 우파적인 이데올로기에 기반한 것이라기보다는 자민당 총재 선거 당시 일본유족회 회장이었던 하시모토 류타로의 표를 빼앗기 위해 야스쿠니 신사 참배를 공약으로 내세운 실리적인 이유가 있었던 것으로 파악된다. 따라서 고이즈미 정권은 가치관 문제에는 적극적으로 나서려 하지 않는 '소극적 자유주의' 노선을 취한 Ⅲ 유형의 정치였다고 할 수 있다.

이것을 Ⅳ 노선으로 끌어들인 것이 제1차 아베 신조 내각이다. 아베에 관해서는 1장에서 상세히 다루었으므로 반복하지 않겠지만, 매우 강한 우파 이데올로기의 소유자로서, 관심을 가진 정책의 중심이 세로축이 아니라 가로축에 있었다. 여기에서 일본형 신보수주의 정권이 탄생하게 된다.

다만 이 Ⅳ 노선은 제1차 아베 내각이 단명함으로써 일시적으로 무너진다. 이를 대신해 출범한 후쿠다 야스오 내각은 '권위주의'에서 '자유주의'로, '위기의 개인화'에서 '위기의 사회화'로 반격을 꾀한다. 그러나 이 내각도 단명하고 아소 다로 내각이 탄생한다.

아소 내각은 리먼 쇼크로 인한 세계 금융위기에 직면하여 양극화·빈곤 문제가 분출되자 '시장 근본주의로부터의 결별'을 선언한다. 그는 '중복지·중부담'을 주장하며 요사노 가오루

與謝野馨 재무·금융·경제재정 대신과 연계하여 대폭적인 재정 확장을 단행했다. 한편 가치관 측면에서는 '참된 보수 재생'을 내걸며 권위주의 노선으로 돌아서는 현상이 두드러졌다.

2009년 민주당으로의 정권 교체가 실현된다. 민주당은 Ⅱ 유형의 노선을 실행하려 했으나 재원 문제 등으로 헛발질을 하여 국민의 기대에 부응하지 못했다.

이 시기 자민당을 이끈 이는 다니가키 사다카즈 총재였다. 다니가키는 고치카이 출신으로, Ⅱ 노선을 지향하는 정치인이었다. 따라서 민주당 정권과의 차이를 내세우는 데 어려움을 겪었고, 이윽고 구심점을 잃고 말았다.

한편, 당내에서 목소리가 커진 세력은 민주당과의 대결 구도를 명확히 하는 Ⅳ 유형의 정치인이었다. 그들은 '신헌법 제정'을 강경히 주장하며 '일본국 헌법 개정 초안'을 작성한다. 그 내용은 지극히 권위적이라 많은 이들로부터 비판을 받았다. 다니가키는 이 헌법 초안을 작성하며 당내 권위주의 기운을 빼내고자 했으나, 결과적으로는 제2차 아베 내각이 출범하는 빌미를 제공하여 스스로 궁지로 밀어 넣는 일이 되었다.

그리고 제2차 아베 내각이 출범한다. Ⅳ 유형의 정치가 다시금 등장하여 장기 집권한다. 후쿠다→아소→다니가키로 이어진 수정 노선은 세력이 약해지고, 자민당의 신보수주의화가 가속화했다.

총리 후보자들을 좌표축에서 살펴보면

이쯤에서 역사적인 추이와 현 상황을 정리하기로 하자.

자민당의 기조는 다음 쪽의 〈그림1〉처럼 변해왔다. 중간에 몇 번 회귀 움직임이 있었으나, 고이즈미 정권에 의해 '위기의 개인화'가 확립되었고 아베 내각에 의해 '권위주의' 노선이 강화되었다. 고이즈미·아베 두 정권의 장기화가 자민당의 흔들림을 저지했고, 'Ⅲ에서 Ⅳ로'라는 흐름이 확립되었다.

〈그림2〉를 살펴보자. 이 책에서 다룬 정치가 아홉 명의 위치를 정리한 것이다. 유력 정치인의 대립 축은 기본적으로 'Ⅲ vs. Ⅳ'에 있으며 '위기의 개인화' 경향이 강하다는 사실을 알 수 있다.

단, 과거 보수 본류의 입장인 Ⅱ도 존재한다. 사회안전망 재구축을 지향하며 선택적 부부 별성에 찬성하는 자유주의 보수 세력도 일정 수 존재한다.

주목해야 할 것은 Ⅱ 노선에 위치하는 정치인이 두 명 모두 여성이라는 점이다. 남성 중심 사회에서 여성은 마이너리티다. 국회는 지금도 압도적으로 남성 위주다. 그런 가운데 노다 세이코와 오부치 유코는 정치 활동과 육아를 양립하며 다양한 어

나오며235

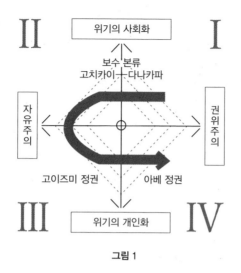

그림 1

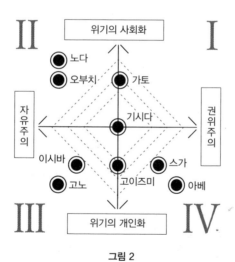

그림 2

236

려움을 겪은 정치인이다. 그 경험이 저출산 문제에 대한 대책과 선택적 부부 별성을 추진하며 Ⅱ 노선을 추구하는 입장으로 이어진다. 아주 중요한 지점이라고 생각한다.

다만 두 사람이 자민당 안에서 중심적인 지위를 구축했느냐 하면 그렇지 않다. 노다는 총재 선거에 출마할 의사를 내비치면서도 스무 명의 추천인을 모으지 못해 출마를 단념해야 했다. 그리고 Ⅳ 세력과 멀어진 후 만회할 만한 세력을 얻지 못하고 있다. 오부치도 정치자금 문제의 여파가 커서 지금으로서는 자민당의 중심에서 벗어나 있다.

한편, '위기의 사회화'를 지향하는 (듯 보이는) 가토 가쓰노부와 기시다 후미오는 아베 총리에게 접근함으로써 지위를 획득해온 과정이 있기 때문인지 현 정권에 대한 대안적인 비전을 내걸지는 못하고 있다. 역시 '위기의 사회화'를 지향하는 인물보다는 '위기의 개인화'를 지향하는 인물이 총리 후보로는 유력시되고 있다.

현재 총리 후보로서 거론되는 인물들은 첫 당선으로부터 꽤 세월이 흐른 중견·베테랑 의원이다. 처음으로 당선된 해를 보면 아홉 명 중 가장 오래된 이가 이시바로, 1986년이다. 그다음으로 아베, 노다, 기시다가 같은 1993년. 고노와 스가는 1996년. 오부치가 2000년. 가토가 2003년. 가장 의원 재직 연수가 짧은 고이즈미가 2009년이다. 이들이 자민당의 후보로서 공인을 받은 때의 당 지도부는 대부분 보수 본류가 떠받치는 구조였다. 따라서 현재 중견 이상의 의원들을 살피면, 그 안에는 일정한 다양성이 있다.

그러나 아베가 2012년 9월 두 번째로 자민당 총재에 취임하고 나서 처음으로 당선된 의원들을 살피면, IV 경향이 강하게 보인다. 아베 총재 아래에서 치러진 중의원 선거는 2012년 12월, 2014년 12월, 2017년 10월 이렇게 세 번이다. 이른바 '아베 칠드런'의 1~3기생 의원이 점유하는 비율은 자민당 중의원 의원 전체의 40퍼센트에 달한다. 이 젊은 의원들은 우파적 이데올로기색이 강하며, 자기 책임론을 기조로 하는 특징이 있다.

그들이 주요한 멤버로 있는 젊은 '매파' 연구회인 '문화예술간담회'에서는 강사로 자리한 작가 햐쿠타 나오키가 "오키나와의 두 신문은 없애버려야 한다. 있어서는 안 되는 일이지만 오키나와의 어딘가에 있는 섬을 중국에 빼앗겨야 정신을 차릴 것이다"라는 발언을 하기도 했다. 이와 연동하여 복수의 소속 의원이 "언론에 따끔한 맛을 보여주기 위해" 스폰서에 압력을 가해야 한다는 발언을 거듭하여 문제가 되었다.

현재 아베 정권의 장기화에 따라 젊은 의원의 '위기의 개인화', '권위주의' 경향이 가속화하고 있다. 이 경향의 의원들이 중견·베테랑이 되는 시기의 자민당은 IV 유형의 정당으로서 똘똘 뭉칠 가능성이 클 것이다.

야당의 전략

이러한 자민당에 대항하기 위해 야당이 취해야 할 포지션은 명확하다. '위기의 사회화', '자유주의'를 지향하는 II 유형을 선택하는 수밖에 없다.

이제까지 살펴본 바와 같이 II는 고치카이와 같은 자유주의 보수가 담당해온 영역으로, 반드시 좌익적 입장에 한정된 것은 아니다. 오히려 보수 본류가 담당해온 영역이다.

그러나 자민당 내에서는 II 유형이 사그라지고 있다. 그렇다면 이 영역을 야당이 맡고, 국민에게 IV와는 다른 대안적 선택지를 제공해야 한다.

야당이 지향해야 할 노선은 자유주의 보수와 사회민주주의의 연대에 의한 II의 결집이다. 여기에 공산당과 연립하여 선거 협력을 행함으로써 정권 교체를 실현해갈 필요가 있다.

현재 공산당의 주장은 TPP 반대, 중소기업의 보호 등에서 볼 수 있듯이 과거 보수 본류의 정책과 가깝다. 공산당과 손을 잡음으로써 야당이 좌경화한다는 우려가 제기될 수 있지만, 오히려 공산당 정책과 호응함에 따라 자유주의 보수 노선을 확립할 가능성이 있다.

소선거구 제도에서 야당이 정권 교체를 실현하기 위해 펼쳐야 할 전략은, 함께 손을 잡고 여당 1당 체제를 무너뜨리는 것이다. 즉 자민당으로부터의 이탈자를 만들어 협력하는 것으로 다수파를 구성해가야 한다.

자민당 내에 Ⅱ 영역의 정치인이 갈 곳을 잃을 경우, 세력 분열 대상으로 간주하는 전략적 리얼리즘도 필요하지 않을까?

정치인에게 말이란 무엇인가

자민당 유력 정치인의 말과 글을 분석함으로써 현대 일본 정치의 좌표축을 그려보았다. 우리 유권자는 자신의 생각이 Ⅰ에서 Ⅳ 중 어느 유형인가를 생각하고, 그것과 맞는 정치인과 정당을 고를 필요가 있다. 막연한 이미지나 화제에 휩쓸리지 않고 정당·정치인의 본질을 철저히 파악하여 현명한 선택을 해야 한다.

한편 문장으로 정리된 말만을 근거로 해서 정치인을 골라야 하느냐 하면, 그렇지 않다. 말은 언제나 삶의 방식이나 태도를 뒷받침하는 것이어야 한다. 아무리 자유주의적 정책을 제시한다고 하더라도 입지가 약한 인물에 대해 권위적인 태도를 취하는 정치인은 신뢰할 수 없으리라.

어렸을 적, 나의 증조모는 초등학생인 내가 "누구에게 투표했어요?"라고 물으면 "남자다운 사람"이라고 대답했다. 이는 잘생겼다는 의미가 아니다. 정치인으로서 신뢰할 수 있는 '생김새'인가를 판단해왔다는 것이다. 즉 인생 경험을 바탕으로 그 사람을 판단했다고 말씀하셨다.

이는 매우 중요한 일이리라. 우리는 역 앞에 서서 연설하는 정치인 옆을 아무 생각 없이 지나치는 듯하지만, 실은 곁눈질일망정 철저히 가늠하고 있다. 함께 있는 활동가들에게 고압적인 태도를 취하지는 않는지, 되는 대로 이야기하지는 않는지. 그런 것을 짧은 순간이나마 확인하는 것이다.

이는 자신의 인생 경험을 통해 그 사람을 판단하는 것이다. 간접 민주제에서 중요한 것은 정책이나 비전에 더해, 국회에서의 논의를 맡기기에 충분한 인물인지를 판단하는 것이다.

정치에서는 정책 입안 등의 '기술적 지식technical knowledge'보다도 합의 형성을 위한 자질 등 '실천적 지식practical knowledge'이 더욱 중요한 의미를 지닌다. 영국의 보수파를 대표하는 정치 철학자 마이클 오크숏Michael Oakeshott은 이렇게 말했다. "우리는 선거에서 비전과 인물의 종합적 판단을 해야 한다."

마지막으로 말하고 싶은 것은 정치인이 정치를 하는 이유, 즉 정치의 동기다. 과거 자민당 정치인 중에는 사회적으로 어려운 처지에서 고생하며 올라온 사람이 일정 수 존재하여 약자나 지방에 대한 사회적 재분배에 심혈을 기울였다. 이들은 정치를 하려는 이유가 명백했다. 그렇기에 목적을 실현하기 위해서는 수단과 방법을 가리지 않는 경우가 많았다. 확실히 권력을 둘러싼 진흙탕 싸움이나 금권정치가 횡행한다는 문제가 있었지만, 각 정치인이 지닌 신념을 각자의 삶의 방식이 뒷받침했기에 국민들도 신뢰할 수 있었다.

그러나 요즘 정치인은 정치인임에 절실한 동기가 보이지 않는 경향이 있다. 여기에는 세습이라는 문제도 있으리라. 실제로 이 책에서 다룬 아홉 명 중 스가를 제외한 모두가 가족이나 친척 중에 정치인이 있었다.

다만 세습제를 싸잡아 비판하는 것도 신중해야 한다고 본다. 노다처럼 자신의 불임 치료·출산 과정에서 절실한 문제에 부딪혀 정치인으로서 애써야 할 인생의 과제를 얻은 의원도 있다. 오부치의 육아 대책도 마찬가지다. 앞에서 한 말을 반복하지만, 남성 중심 사회에서 여성은 높은 벽에 부딪히는 일이 잦기에 정치를 하려는 의미가 정책·비전과 직결하는 경우가 많다는 특징이 있다. 이 점에서도 여성 정치인의 활약은 현대 일본 정치에서 필수 불가결이다.

선거 때는 '가치와 위기의 좌표축'을 이용하여 자신의 입장을 확인하고 그에 합치하는 정당·정치인을 선택하는 것이 중요하다. Ⅳ 유형의 경향을 키워가는 자민당을 어떻게 바라볼 것인지, 혹은 다른 선택지를 요구할 것인지는 우리 유권자에게 달려 있다.

이 책을 하나의 계기로 삼아 정치인의 이념·비전을 도식화하여 앞으로 일본이 나아가야 할 방향을 생각하는 흐름이 생긴다면 더할 나위 없겠다. 정치를 경시하거나 냉소하거나 얕잡아봐서는 안 된다. '어떤 사회에서 살고 싶은가'라는 인생관과 직결되는 것이 바로 정치니까.

*

이 책의 출간을 앞두고 아사히신문사의 웹사이트인 〈논좌論座〉에 연재의 장을 마련해주신 담당자 사메지마 히로시鮫島浩 씨에게 진심으로 감사의 마음을 전한다. 이 원고에 이어 지금은 〈나카지마 다케시의 "야당을 읽다"中島岳志の『野党を読む』〉를 연재하고 있는데, 언제나 적확한 의견을 주시는 사메지마 씨에게 앞으로도 잘 부탁드린다는 인사를 건넨다. 늘 의지하고 있다.

또한 이 책에서 사용한 문헌 수집에는 도쿄공업대학 부속 도서관 사서 여러분께서 크게 힘써 주셨다. 도쿄공업대학에 부임했을 때는 도서관에 문과 분야의 도서 및 잡지가 빈약해서, 이걸 가지고 연구할 수 있을까 불안하기도 했다. 그러나 그런 내 불안한 마음을 말끔히 씻어주신 분들이 사서 여러분이었다. 전국의 도서관과 네트워크를 구사하여 지정 문헌을 신속히 모아주신 덕분에 이공계 대학에 소속되어 있는 한계를 가뿐히 뛰어넘을 수 있었다. 이 자리를 빌려 다시금 고맙다는 말씀을 드리고 싶다.

스탠드북스의 모리야마 유스케森山祐介 씨와는《보수와 입헌保守と立憲》에 이어 두 번째 책을 출간하게 되었다. 친한 친구이자 믿을 만한 편집자인 모리야마 씨와 함께 일하는 즐거움을 맛보았다. 또한 디자인을 맡아주신 야하기 다몬矢萩多聞 씨에게도 깊이 감사드린다. 디자인을 부탁드린 책이 이걸로 몇 권째인지는 잘 모르겠지만 앞으로도 오래오래 잘 부탁드린다.

나카지마 다케시

추천의 글

박철현

재일 작가, 《화이트리스트: 파국의 날》의 저자

수사적 표현이 아니라, 국교 정상화 이후 실제로 '사상 최악'이 된 한일 관계에서 나온 《일본의 내일》은 여러모로 의미가 있다. 가장 큰 의미는 이 책의 출간으로 한국 사회의 건강성을 다시 한번 확인할 수 있었다는 점이다.

일본에서 출간되는 한국과 관련된 책들은 대부분 '혐한 서적'이다. 2016년 '본국 외 출신자에 대한 부당한 차별적 언동의 해소를 위한 대책 추진에 관한 법률', 일명 '헤이트스피치 규제법'이 통과되면서 이런 유의 책이 안 나오나 싶었는데, 최근 한일 관계가 악화하자 우후죽순처럼 다시 출간되기 시작했다. 이러한 행태는 종국에는 일본 사회에 해악을 끼친다. 하지만 계속 나온다. 그만큼 팔리기 때문이다. 실제로 베스트셀러가 된 책들도 매우 많다.

한국에서는 애초에 '혐일 서적'이 잘 나오지 않는다. 물론 편견으로 점철된《일본은 없다》가 있지만 벌써 24년 전 이야기다. 그리고 만약 이런 책이 지금 나온다면 아마 소리소문없이 사라질 것이다. 요즘 한국에서 출간되는 일본 소설, 에세이의 번역서는 웬만하면 베스트셀러가 된다. 문화 비평서들은 대부분 일본을 제대로 한번 알아보자는 내용으로 구성된 경우가 많다.

나는《일본의 내일》이 이러한 한국 사회, 특히 출판문화의 건강성이 발현된, 지일知日의 정점에 서 있는 작품이 아닐까, 문득 생각해 본다. 원서의 제목은 '자민당, 가치와 리스크의 매트릭스'로 2019년 5월에 출간됐다. 일본 집권 여당인 자민당에 소속된 유력 정치인들의 개인적, 이념적 지향점과 그것에 도달하게 된 과정을 누가 봐도 이해할 수 있도록 좌표축으로 행렬Matrix화했다. 실제로 출간 후 화제를 불러일으킨 노작이다.

그런데 이 책을 쓴 나카지마 다케시 교수는 대학에서 힌두어를 전공했고, 본래 남아시아 전문가로 유명하다. 그러한 그가 왜 본업과는 약간 거리가 있는 일본 국내 정치, 그것도 정치인에 관한 저작을 펴내게 되었을까? 물론 그에게는 진보적 매체로 알려진 〈주간 금요일週刊金曜日〉의 편집위원과 〈아사히신문〉의 지면평가위원을 맡았던 과거도 있지만, 평소에도 일본의 거대 미디어가 다루는 정치 분야 보도를 두고 이해가 가지 않는 다는 생각을 심심찮게 내비쳐 왔다. 그의 의문을 거슬러 올라가면 필연적으로 아베 정권의 장기 집권과 만나게 된다.

2012년 아베 신조 총리가 두 번째 집권을 한 이후 일본 사회, 특히 언론은 정치를 단순화시켰다. '아베일강安倍一強'은 하나의 지배적 이데올로기가 되었고, 아베를 중심으로 돌아가는 정치판은 누구도 깰 수 없는 상수로 존재하게 된다. 온갖 스캔들과 의혹이 터져도 계속해서 총리직을 수행하는 이유이기도 하다. 사실 책에 나오는, 아베 총리를 제외한 여덟 명의 자민당 정치인은 전혀 새로운 인물이 아니다. 하지만 일본인 대부분은 이름은 들어봤고 누구의 아들딸인지도 알지만, 정작 이들이 무엇을 추구하는지 모른다. 알려주어야 할 의무가 있는 일본 언론도 잘 모르는 것 같다. 나는 이러한 이상한 행태를 참지 못한 저자가 "아무도 제대로 알려주지 않으니 내가 쓴다"라는 생각으로 집필했을 것이라 본다.

각설하고, 《일본의 내일》을 읽는다면 어디 가서 그 어떤 일본인들과 만나더라도 인물론에 관해서는 꿀리지 않을 것이다. 오히려 그들보다 훨씬 더 깊이 있게 '포스트 아베'를 거론하며 대화를 주도할지도 모른다. 거꾸로 생각해보면 금방 알 것이다. 일본인이 갑자기 한국 집권 여당의 차기 대선 후보, 이를테면

이낙연, 이재명, 김부겸 등의 이념적 지향점과 국가관을 줄줄이 읊는다고 한다면 얼마나 신기하겠는가. 물론 어떤 이들은 우리가 일본의 다음 총리까지 알아서 뭐하냐고 생각할 수도 있다. 그런 분들은 안 읽어도 된다. 계속 고이즈미 신지로를 '펀쿨섹'이라 즐기며 살아가도 된다.

하지만 '앞으로 한일 관계가 어떻게 전개될 것인가', '그 안에서 어떻게 대처해야 할까'라는 생각을 조금이라도 가지고 있다면 꼭 읽어보길 바란다. 이 책에 등장하는, 아베 총리를 제외한 나머지 여덟 명 중에 차기, 차차기 총리대신이 반드시 나오기 때문이다. 머지않은 장래에 일본의 톱이 될 사람이 어떤 생각을 가졌는지 대충이나마 알아둔다면 아예 모르는 것보다 훨씬 낫지 않겠는가.

참고로 노무현 전 대통령의 자서전 《운명이다》를 읽다 보면 노태우를 높이 평가한 대목이 나온다. 민주 정부의 상징이었던 그가 군사 쿠데타의 주역 중 한 명을 그렇게 평가한 것에 대해 당시에는 이해할 수 없었다. 하지만 그 문장을 계기로 노태우의 각종 정책, 이를테면 토지공개념, 전 국민 의료보험 확대 그리고 남북기본합의서 체결 등 대북정책을 포함한 북방정책을 살펴보니 김대중, 노무현으로 대표되는 민주 정부와 비슷한 일면이 있었다.

일본을 알아가는 과정은 이것과 비슷하다고 본다. 무조건적인 반일과 친일은 극과 극에 서 있는 것 같지만 감정적 확증편향에 의존한다는 공통점을 가진다. 그렇기 때문에 한일 양국 과거사의 올바른 이해와 미래의 평화로운 공존은 이성과 팩트에 기반을 둔 지일을 통해서만 실현된다.

《일본의 내일》은 지일의 모범이 되는 훌륭한 저작이다. 21세기 현대 일본과 포스트 아베가 궁금한 분들은 반드시 손에 들기를.

나리카와 아야
칼럼니스트, 前 〈아사히신문〉 기자

아베 내각의 지지율이 연일 떨어지고 있지만, 그렇다고 해서 당장 일본의 집권 여당이 바뀔 일은 없어 보인다. 그보다는 오히려 자민당 내에서 누가 차기 총리가 될지에 관심이 집중되고 있다. 예컨대 2020년 7월을 기준으로 했을 때 가장 가능성이 높아 보이는 이시바 시게루는 오랜 시간 방위성 대신을 역임했기에 '국방'의 이미지가 강하지만, 사실 그간의 행보를 살펴보면 국민의 생활에 관한 발언도 적지 않았다.

《일본의 내일》은 이렇듯 평소 한국에서 접하기 힘든 일본 차기 총리 후보자들의 생생한 목소리와 그들의 정책에 관한 언급을 담았다. 나아가 이 책을 읽다 보면, 최근 몇 년간 한국과 일본이 역사를 둘러싸고 심한 대립을 이어올 수밖에 없었던 이

유도 알게 된다. 아베 신조는 정치가로 입문할 때부터 '자학사관'에 반발했고, 역사의 부정적인 측면을 가르칠 필요가 없다고 주장해왔다. 그건 그의 정체성 같은 것이다. 그 부정적인 측면이 대표적으로 두드러진 것이 위안부 문제다. 따라서 아베가 총리로 있는 한, 한일 간의 화해는 바랄 수 없다. 그런데 과연 그것이 일본 국민들이 지지하는 일일까?

2012년부터 이어온 아베 정권의 장기화 뒤에는 관방장관 스가 요시히데의 존재가 있다. 한국 독자들은 이 책을 통해 스가가 '언론 통제' 같은 수단도 가리지 않고 아베 정권의 지지율 유지에 힘써왔으며, 따라서 일본 국민 대부분은 그동안 아베 정권이 해온 일을 제대로 알지도 못하면서 지지해왔다는 사실을 알게 될 것이다.

따로 책을 읽거나, 정보를 구하지 않으면 일본에서도 정치가들의 말을 귀담아들을 기회는 흔치 않다. 그러나 정치가들의 말을 제대로 듣는 일은 중요하다. 이 책을 읽으며, 그 기회를 손에 넣어보는 것은 어떨까?

일본의 내일

1판 1쇄 펴냄 | 2020년 8월 14일

지은이 | 나카지마 다케시
옮긴이 | 박제이
발행인 | 김병준
편   집 | 정혜지
디자인 | this-cover.com · 이순연
마케팅 | 정현우
발행처 | 생각의힘

등록 | 2011. 10. 27. 제406-2011-000127호
주소 | 서울시 마포구 양화로7안길 10, 2층
전화 | 02-6925-4183(편집), 02-6925-4188(영업)
팩스 | 02-6925-4182
전자우편 | tpbook1@tpbook.co.kr
홈페이지 | www.tpbook.co.kr

ISBN 979-11-85585-87-1 03300

이 도서의 국립중앙도서관 출판예정도서목록(CIP)은
서지정보유통지원시스템 홈페이지(http://seoji.nl.go.kr)와
국가자료종합목록시스템(http://kolis-net.nl.go.kr)에서
이용하실 수 있습니다.(CIP제어번호: 2020016136)